생명사상의 원류, 동학을 이끈

해월
최시형
평전

일러두기

1. 맞춤법은 국립국어연구원의 규정을 따르는 것을 원칙으로 하였다.

2. 책, 잡지, 신문, 관보는 겹낫쇠표《 》로, 작품, 논문, 성명서, 선언문, 통신문, 포고문, 강령 등은 홑낫쇠표〈 〉로 표시하였다.

3. 본문 내 연도 및 날짜는 음력을 기준으로 하였으며, 양력 표기가 필요한 경우 괄호 병기하였다.

4. 《동경대전》《해월신사법설》의 인용문은 천도교 홈페이지 www.chondogyo.or.kr의 자료를 옮긴 것으로 별도의 출처는 표시하지 않았다.

생명사상의 원류, 동학을 이끈

해월 최시형 평전

김삼웅
지음

미디어샘

처형 직전의 해월 최시형. 뒤쪽에는 '처교죄인동학
괴수최시형(處絞罪人東學魁首崔時亨)'이라는 팻말이
붙어 있으며, 사진 아래는 'Choi-See-Hung, Old
Tong-Hak Leader, Awaiting Execution(최시형, 나
이 많은 동학의 리더. 처형 대기중)'이라고 쓰여 있다.

해월 최시형이 태어난 경주 황오리의 전경.

해월 최시형의 가족. 앞줄 가운데가 최시형의 부인 손씨.
사진 왼쪽의 사각형이 해월의 아들 최동희(사진 뒷줄의 학
생복), 오른쪽 사각형이 최동호(사진 앞줄의 오른쪽 아이)다.

태백산 적조암터. 1872년 초겨울, 해월 최시형은 강수·전성문 등
지도급 인사 5명과 함께 적조암에 들어가 49일 기도를 드렸다. 종
교적 수련을 통해 동학의 정신을 바로 세우고 교단 정비를 위해서
였다.

경북 영양 일월산의 해월 최시형 은거지 추정터. 최시형은 매일 짚
신 두 켤레를 삼으며 생계를 유지했다. 이곳은 동학의 실질적인 구
심지였다. 동학 경전 《동경대전》《용담유사》 등이 집필된 곳으로
추정된다.

1898년 4월 6일 새벽 해월 최시형이 체포될 때까지 석 달간 은거했던 강원도 원주의 원진녀 생가. 무위당 장일순은 원진녀의 집터를 찾아내 표지석과 추모비를 세우고, 1990년 제막식을 가졌다.

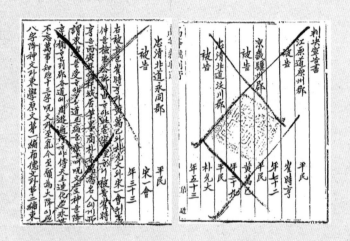

해월 최시형의 판결선언서 일부. 1898년 5월 29일 고등재판소에서 최시형과 황만기, 박윤대, 송일회 등 4명에 대한 판결이 내려졌다. 최시형은 교수형, 나머지 3명은 태형과 징역형에 처해졌다. 판결문에 ×표가 그어진 이유는 1907년(광무 11) 7월 26일 법부의 훈령으로 원본을 삭제했기 때문이다.

경기도 여주시 천덕산 자락에 위치한 해월 최시형의 묘소.
사후 2년 뒤인 1900년 지금의 자리로 이장되었다.

차
례

추천의
말

동학의 불씨 살린 해월 최시형

수운 최제우에 의해서 창도된 동학은 '시천주(사람은 누구나 하늘을 모시고 있는 위대한 존재)'라는 하늘의 도를 깨달으면서 출발했다. 동학은 조선 말기 신분제의 구조적 질곡에 빠진 백성들에게 하나의 빛줄기를 제시해주었다. 누구나 평등하게 하늘을 모시고 있는 위대한 개인이라는 자각을 바탕으로 만민평등의 새로운 시각을 제시해준 우리나라 최초의 근대성modernity이 발현된 순간이었다.

동학의 3세 교조인 의암 손병희는 동학혁명에 참여

한 최고지도자 중 유일하게 생존했다. 그는 피눈물을 흘리면서 동료들이 처형당하는 것을 지켜봐야 했다. 전봉준, 김개남, 손화중, 최경선, 심지어는 끝까지 지키고 싶었던 스승 해월 최시형마저 교수형에 처했다. 아마도 그는 그들과 함께하고 싶었을 것이다. 어쩌면 죽기보다도 더 쉬운 일이 어디 있었겠는가. 그러나 손병희는 끈질기게 살아남아 동학을 지켜냈고 다시 천도교로 개명하고 위대한 3·1혁명을 준비하고 또 실천했다. 그에게 3·1혁명은 제2의 동학혁명이어야 했기 때문이다.

그런데 의문은 수운 최제우와 의암 손병희 사이의 어떤 역사적 사실들이 있었는가다. 분명히 최제우는 동학을 창도했지만, 그 도를 세상에 널리 알리기에는 너무나 짧은 생을 살았다. 수운 최제우는 1860년 4월 5일 득도하고 '내가 얻은 이 도가 과연 진짜인지 가짜인지' 의심했다. 그래서 그는 무려 1년 2개월간 다시 수련하고 공부한 뒤에서야 비로소 '이것은 하늘의 도(천도)'임을 확신하고 주변에 펴기 시작했다. 그러나 이를 시기하던 문중과 의심의 눈초리로 바라보던 관을 피하지 않을 수 없었다. 결국 그는 자신이 자각한 도를 주변에 펼칠 기회를 숨기고 전라도 남원 땅으로 피신해야 했다. 그곳에서 그는 자신이 얻은 도의 이름을 우리 동방 땅의 학문이라는 의미로 '동학'이라고 명명하고 경전인

《동경대전》과 《용담유사》를 저술하기 시작했다. 그러고는 고향인 경주로 돌아와 얼마 뒤에 체포되어 1864년 3월 10일 대구에서 참수 처형되었다. 그가 동학을 세상에 알린 시간은 채 1년 정도일 뿐이었다.

그러나 의암 손병희가 참여할 때 동학은 전국적으로 확대되었다. 그래서 동학혁명의 참여자는 혁명이 시작된 전라도 지방만이 아닌 경상도, 충청도, 강원도, 경기도 황해도 심지어는 평안도까지의 동학도들이었다. 동학이 창도되고 겨우 30여 년 만에 어떻게 이렇게 전국적인 세가 형성될 수 있었을까? 이 의문을 풀기 위해서 이해해야 할 인물이 바로 동학의 2세 교조인 해월 최시형이다.

그는 장장 36년이라는 긴 세월을 관의 추적을 피해 다녀야 했다. 동학이 전국에 알려지기도 전이라 누구의 도움을 받기도 어려운 기간이지만 그는 보따리 하나 메고 전국을 무대로 동학을 전파했다. 때로는 심심산골에서 몇 날 며칠 밤을 보내야 했고 때로는 화전민의 도움으로, 때로는 깊은 산중 사찰 승려들의 도움을 받아가면서 동학을 전파하고 다녔다. 신언서판身言書判이라고 하여, 전통적으로 잘생기고 말 잘하고 글씨 좋고 판단력이 뛰어난 사람을 리더라고 하며 따르는 이가 많은 법인데 그는 어느 것 하나 충족된 것이 없는 인물이었다.

그러나 신기하게도 그가 다녀간 자리에는 양반 상놈 가리지 않고 수많은 사람이 그를 흠모하고 따라다니며 존경의 끈을 놓지 않았다. 그가 다녀간 자리에서는 너도나도 수많은 사람이 앞다투어 동학에 입도했다. 해월 최시형을 이해하지 못한다면 동학을 이해할 수 없고 1894년의 동학혁명이 왜 전국적인 저항운동으로 확대되었는지를 알 재간이 없다. 전봉준 장군만으로는 도저히 설명될 수 없는 동학혁명이기에 그가 더욱 궁금한 것이다.

《해월 최시형 평전》에 그 답이 실려 있다. 해월 최시형은 뒷날에는 높은 학식을 겸비했지만, 어려서 조실부모하고 남의 집 머슴살이와 종이공장의 직공 등 험한 일을 하며 성장한 탓에 배울 기회를 거의 얻지 못했다. 심지어 낫 놓고 기역 사도 모른다는 말이 있을 정도로 배움이 짧았다. 그런 그가 말주변이 좋았을 리 없고 빼어난 글 솜씨를 내세우지도 못했을 것이다. 어쩌면 리더로서의 기본 소양이 없었을 것이다. 그런데 왜 해월 최시형을 많은 사람은 존경의 대상으로 삼고 따랐을까.

지금 한국 사회에서 이른바 생명운동 또는 여성운동, 어린이운동 그리고 환경운동을 하는 사람 중 해월 최시형을 모르는 사람은 없다. '한국 생명운동의 효시'라고 하는 무위당 장일순은 그를 모델로 삼고 가장 존경하는 인물이 해월이라고 단언했다. 그는 해월의 가르침대로 생명운동을 시작했다. 김지하 시인이나 도올 김용옥 교수도 마찬가지다.

해월 최시형은 수운 최제우의 시천주 사상을 '사람 대하기를 하늘 대하듯 하라'는 사인여천으로 승화시킨 인물이다. 또한 만물의 주인은 인간만이 아니며, 주변 모든 것에는 다 하늘이 담겨 있으니 어느 것 하나 소중치 않은 것이 없다고 역설했다. 천대받으며 인간 이하의 대접을 받던 여성을 '하늘님'이라고 높여준 이도 최시형이다. 어린아이를 때리지 말라면서 어린아이가 상하면 하늘이 상한다며 어린이 사랑을 역설한 어른도 최시형이며, '땅을 소중히 여겨라' '땅에도 하늘이 담겨 있고 우리가 먹는 밥 한 그릇에는 모든 생명이 담겨 있다'고 한 이도 해월 최시형이다.

어느덧 그는 동학을 널리 알린 포교자에서 생명의 소중함을 자연 모두에게까지 확대한 인물이 되었고, 모두의 스승님으로 자리하게 되었다. 마침 동학의 발생지인 경주시에서는 그동안 수운 최제우 위주로 선양사업을 전개하다가, 최근 경주가 고향인 해월 최시형의 업적에 대한 재평가 작업이 이루어지고 있다. 특히 그의 생가인 경주 동촌 황오리에는 그 터가 남아 있다. 그 터의 일부는 아직도 천도교 경주교구가 운영되고 있다.

그래서 오래전부터 천도교인들을 중심으로 이곳에 해월 최시형의 생가를 복원하자는 운동이 전개되었다. 경주시도 이에 적극 호응하여 인근의 땅을 포함해 '해월동산'을 만들 구상을 마쳤다. 해월동산이 완성된다면 경주 시내 한복판에 동학의 위대한 실천자이자 생명운동의 효시로서 또 하나의 자랑거리가 생기게 될 것이다.

이 평전은 대한민국 최고의 평전 저술가인 김삼웅 관장께서 저술했다는 점만으로도 의의와 가치는 독보적이다. 동학을 이해하고자 하는 분들과 동학혁명의 의문을 풀고자 하는 분들, 그리고 한국근대사에 미친 동학의 영향에 대해 궁금한 분들 모두에게 《해월 최시형 평전》의 일독을 권한다.

임형진(동학학회 회장, 경희대 교수)

머리말

인류사의 재앙 앞에 선 해월 최시형 선생의 길

인류는 지금 일찍이 겪어보지 않은 대재앙의 화염 속에 놓여 있다. 코로나19 사태는 두 차례 세계대전보다 더 많은 사망자를 내고도 종식을 모른 채 진행중이다. 세계 각국에서 변이 바이러스가 속출하고 변종도 나타나는 상황이다. 단백질도 생물체도 아닌 한갓 미물에 21세기 인류가 유린되고 있는 것이다.

또한 극심한 기후변화는 지구촌을 온통 재앙으로 물들인다. 세계 곳곳에서 일어나고 있는 이상기후 현상은 현대문명의 지속가능성을 묻고 있다. 두 가지 현상의 근본적인 원인은 과학기술이라는 이름 아래 자연파괴를 통한 물질문명의 성장과 발전의 결과에 있다. 인류는 자신이 타고 있는 뗏목을 잘라 연료로 삼으면서도 그 뗏목이 침몰할 수 있다는 걸 모르는 '변종 호모 사피엔스'의 모습이다.

과학 지성의 엄밀성은 화성탐사, 인공지능AI, 비대면 네트워크, 사물인터넷, 자율주행자동차 등을 생산하는 동안, 북극해의 대륙부에 선 채로 갇혀 있던 메탄이 방출되기 시작하면서 어떤 바이러스가 나타날지 모른다. 또한 지구온난화로 시베리아 영구 동토가 녹으면서 그곳에 묻혀 있던 고대 박테리아와 원생대의 바이러스가 기지개를 펴고 우리 앞에 등장할지도 모른다. '문명의 역습'이 인류사적인 재앙으로 현재화하는 모순적 본질 앞에서도 각국의 지도자들은 과거의 관성에서 헤어나지 못한 채 성장중독증에 빠져 있다. 현생 인류는 미래 세대에게 큰 빚을 지고, 나아가서는 인류의 삶의 터전인 지구촌을 파멸로 몰아간다.

모두 아는 거대담론을 소환하는 데는 까닭이 있다. 하늘을 섬기고敬天, 사람을 섬기고敬人, 천지만물을 섬기敬物라는, 삼경설三敬說은 일찍이 세계 어느 사상가나 철학자도 내세운 바 없는 고유하고 독특한 이데올로기이고, 거대 재앙에 직면한 인류가 수용·실행해야 할 과제가 아닐까 싶다.

삼경설은 "경천만 있고 경인과 경물이 없으면 이는 농사의 이치는 알되 실제로 종자를 땅에 뿌리지 않는 행위와 같다."[1] "사람이 사람을 공경함으로써 도덕의 극치가 되지 못하고, 나아가 물을 공경함에까지 이르러야 덕에 합일될 수 있나니라"[2]는 경구에 답이 있다.

이것은 서구 중세의 신神 중심사상 체계와 근대의 이성理性 중심사상 체계를 뛰어넘어 인간과 한울님(동학에서 신앙 대상을 가리키는 교리)과 자연만물을 일체화하는 통합적이고 융합적인 철학사상인 것이다.

양천주설養天主說도 다르지 않다. 내 안에 모신 한울님을 부모와 같이 받들고 봉양하며, 사람만이 아니라 천지만물을 똑같이 대하라는 것이다. 즉 각자의 마음속에 있는 한울님을 잘 살려나가는 양천주 마음, 한울님을 인간과 동일시하고 나아가서 자연만물과 동일시하는 사상이다. 해월 최시형은 이와 같은 신앙·사상·철학을 '사인여천事人如天'이라는 네 글자로 집대성했다. "사람은 하늘이라 평등이요 차별이 없나니 사람이 인위로서 귀천을 분별함은 곧 천의에 어기는 것이니 제군은 일체 귀천의 차별을 철폐하여 선사의 뜻을 이어 가기를 맹세하라"[3]고 했다.

동학의 종교·사상·철학의 기조는 생명사상이다.

사람과 천지만물의 생명을 절대가치에 두었다. 무위당无爲堂 장일순(張壹淳, 1928~1994)과 쇠귀 신영복, 시인 김지하 등 눈썰미가 밝은 사람들은 오래전부터 동학의 생명사상에 주목했다. 기계문명의 발달과 무한대의 인간욕망으로 인해 생태계가 파괴되고 지구촌이 이상기온으로 시달리고 있다. 결국 해월의 경천·경인·경물의 정신을 현재화하는 것이 지구촌을 살리는 길이 않을까 싶다.

해월海月 최시형(崔時亨, 1827~1898)은 동학사는 물론 우리 근현대사의 전개에 있어서 지을 수 없는 세 가지 큰 역할을 했다.

첫 번째는 스승인 수운水雲 최제우(崔濟愚, 1824~1864)가 남긴 동학의 불씨를 살리고 키우고 불을 지폈다. 가정이지만, 그 시기에 해월이 아니었으면 과연 동학의 불씨가 사그라지지 않고, 최제우의 법설과 사상이 온전히 전해지고 조직이 확장될 수 있었을까 묻게 된다.

두 번째는 동학혁명 당시 남북접(南北接, 흔히 동학 조직을 경상·충북 지역을 북접, 전라도 지역을 남접으로 분류했다)이 대립하여 주전(主戰, 전쟁하기를 주장함)이냐 화전(和戰, 싸움을 끝맺기 위해 화합함)이냐로 갈렸을 때 간부들의 뜻을 받들어 주전론을 수용하면서 동학군은 혼연일체가 되어 '척왜양'과 '보국안민'의 혁명전에 나서게 되었다.

세 번째는 교조신원운동을 통해 교도와 민중들을 집결하고, 이것은 군주체제의 금제선禁制線을 뛰어넘어, 반봉건·반외세의 민족·민중운동으로 진화되고, 현대 시민운동의 원류가 되었다(두 번째와 세 번째 부분은 뒤에서 자시히 이야기한다).

　최시형은 관군의 추적을 피해 35년 동안 은신생활을 하면서 포교에 전력을 다했다. 태백산맥과 소백산맥의 오지 마을 200여 곳으로 옮겨다니며 산골마을 주민들을 상대로 포교를 했다. 그런 속에서도 스승 최제우의 시천주侍天主 사상에 이어 "세상의 모든 사람, 천한 사람이나 귀한 사람 모두 한울님 같이 대하고 섬겨야 한다"는 사인여천의 사상을 정립하고 설파했다.

　최시형의 종교적 경지는 뒷날 다만 한울님이라는 신만을 공경한다는 경천을 넘어, 사람을 공경하는 경인, 만물과 하나됨을 통해 만물을 아끼고 또 공경하는 경물의 삼경 사상으로 구체화되었다. 나아가 이러한 최시형의 종교적 경지를 바탕으로 하는 가르침은 오늘 인류가 겪고 있는 자연 환경의 폐해에 대한 매우 소중한 가르침이 되고 있다. 즉 현대에 이르러, 환경 파괴의 심각성과 함께 비로소 제기되고 있는 생태 및 생명의 문제를, 최시형은 이미 100년 전에 구체적이며 근원적인 면에서 제기한 것이다.[4]

동학 창도와 계승

수운 최제우가 1861년 창도하고 해월 최시형이 승계하여 뿌리내린 동학東學은 흔히 서세동점의 물결에 따라 밀려온 서학西學의 대칭 개념으로 이해된다. 하지만 동학의 '동東'은 지정학적 대칭 용어가 아닌 우리나라 고대의 국호에서 기원한다.

옛부터 우리나라는 '동방에 있는 나라'라고 하여 동국東國이라 불렸다. 조선시대 식자들이 이해한 '동국'이란 관념은 대체로 지리적으로는 요하遼河를 경계로 하는 '만리萬里의 국가'를 상정했다. 중국에서는 동이東夷라고도 했다. '동'과 관련하여 많은 저술이 이루어진 것은 이것이 국호이기 때문이다.

《동국여지승람》《동국명산기》《동국문헌》《동국문헌비고》《동국문헌절요》《동국사략》《동국세시기》《동국여지승람》《동국지리지》《동국통감》《동사강목》등 일일이 헤아리기 어려울 정도이다. 한의학을 동의東醫라 부르고, 《동의보감》은 우리나라 의서를 한데 모아 편찬한 조선조 때의 으뜸가는 의학서를 일컫는다.

동학은 우리 문화, 우리 학문, 우리 철학, 우리 종교, 우리 사상을 집대성한 것으로, 결코 배타적이거나 그렇다고 국수적이지 않은 시대정신이고 민족사상이고 민족종교이다.

최제우에 의해 창도된 동학은 유교의 인륜, 불교의 각성, 선교의 무위와, 최제우 자신의 인시천人侍天 사상을 접화군생接化群生 한 천도사상을 말한다. 동학의 중심개념은 인시천, 즉 '하늘과 사람은 하나'라는 천인합일天人合一 사상으로 사람 섬기기를 하늘 섬기듯 하고, 수많은 백성이 동귀일체同歸一體로 계급제도를 부정하며, '사람이 곧 하늘'이라는 천부인권人乃天을 내세우는 신앙·철학·사상의 융합체이다.

성리학을 기반으로 하는 조선의 봉건체제와 대립하여 최제우가 창도한 동학은 개항 후 그 모순이 집중적으로 심화되어 온 삼남 지방을 토대로 크게 발전했다. 동학혁명사 연구자들에 따르면, 동학농민혁명은 조선 봉건체제 해체사의 도달점이자 근대조선 민중 해방운동사의 본격적인 출발점이 된다.

동학농민혁명의 발발 이유로는 첫째, 18세기 이후 악화된 조선왕조 양반 사회의 정치적 모순, 둘째는 삼정의 문란, 셋째는 19세기 이후 서세동점의 위기 속에서 국가 보위의식의 팽배, 넷째는 전통적인 유교의 폐해에 따른 지도이념의 퇴색, 다섯째는 서학의 도전을 민족적 주체 의식으로 대응하려는 응전, 여섯째는 실학에서 현실 비판과 개혁 사상에 영향 받은 피지배 민중의 의식 수준의 향상과 높아진 지각도 등을 들 수 있다.

동학은 주자학 전통으로 굳게 닫힌 전근대의 강고한 철벽에서 인권·평등·자존을 바탕으로 백성들을 깨우치고, 삶의 주체로서 민족정신을 일깨워 근대의 문을 열게 되었다. 봉건적 전근대의 철문을 닫고 근대의 광장을 연 것이다.

동학은 창도 초기를 도인들의 각성기라고 한다면, 중기는 교조신원운동과 교세 확장, 후기는 동학혁명으로 전개되었다. 동학교조를 사도난정(邪道亂正, 서양의 요사한 가르침을 그대로 옮겨 이름만 동학으로 바꾸고 세상을 어지럽혔다는 뜻의 죄목)으로 몰아 처형한 정부는 국내의 개혁 요구와 세계사적인 변혁의 사조에 문을 굳게 닫아걸고 있다가 강제 개항을 맞게 되었다. 결국 이 같은 상황에서 동학은 제국주의의 침략에 의한 반식민지화와, 국내 봉건적 관료층의 수탈로 신음하는 민중의 해방운동과, 반봉건·반외세 투쟁을 위한 혁명이념으로 나타났다.

동학혁명은 1894년 전라도 고부(지금의 전북 정읍)를 중심으로 시작되었다. 고부군수 조병갑(趙秉甲, 1844∼1912)의 가혹한 미곡 징수와 만석보의 수세 징수가 농민의 원성을 사게 되면서 전봉준·김개남·손화중을 중심으로 동학교도들이 봉기함으로써 발발했다.

세계혁명사, 예컨대 영국의 청교도혁명, 독일의 종

교개혁, 미국의 독립혁명, 프랑스의 대혁명, 중국의 신해혁명, 러시아의 볼셰비키혁명은 그 나라의 정체성을 보여주는 변혁운동이었다. 우리의 동학혁명은 이들의 반열에 올려도 손색이 없는 자주적인 민중혁명에 속한다.

특징이 있다면 동학을 창도한 교조와 2세 교조, 3세 교조가 잇따라 당대의 정치권력과 외세 침략세력에 의해 참사를 당했다는 것이다. 1세 교조 최제우는 고종에게, 2세 교조 최시형은 고종과 일제에 의해 참수당하고, 3세 교조 의암義菴 손병희(孫秉熙, 1861~1922)는 3·1혁명 주도와 관련 투옥되었다가 숨지기 직전에 석방됐으나 사실상 옥사한 것이나 다름없다. 동학혁명을 주도한 전봉준과 김개남을 비롯 동학도와 참여농민 20~30만 명이 학살당한 것도 세계혁명사에 유례가 없다.

또 한 가지 특징은 창도자와 후계자의 독특한 '만남'의 관계다. 명말청초明末清初에 유교의 전제에 맞선 중국사상사 최대의 이단사상가로 꼽히는 이탁오李卓吾는 "벗할 수 없다면 참다운 스승이 아니고, 스승으로 삼을 수 없다면 좋은 벗이 될 수 없다"고 했다. 기독교는 예수가 베드로를 만남으로써 세계적인 종교가 되고, 불교는 부처가 가섭迦葉의 염화미소拈華微笑를 통해 불심을 전하게 되었으며, 서양철학사는 소크라테스와 플라톤의 만남으로써 아테네의 울타리를 넘어설 수 있었다.

최제우와 최시형이 그렇고, 최시형과 손병희의 사이가 그랬다. 사제지간인가 하면 동지이고 벗이었다. 최시형은 추적을 피해 언제라도 피신할 수 있도록 항상 짚신 한 켤레에 밥 한 끼를 넣은 봇짐을 옆에 두어 '최보따리'라는 별명이 붙었다. 도피 중에도 스승의 부인과 아들을 보살피고 동학의 조직정비와 포교에 노력했다. 최시형과 손병희의 관계도 그렇기에 혹독한 시국에서도 동학정신이 살아남아, 전근대의 철문을 깨고, 만민평등·척왜척양의 동학혁명을 일으키고, 자주독립·민주공화주의를 표방한 3·1혁명을 주도할 수 있었다.

생명은 모든 가치에 우선한다

지상에서 가장 소중한 단어 한 가지만을 선택한다면 무엇이 있을까? 인권·가족·자유·평등·정의·권리·평화·환경·윤리·도덕·문명·문화·질서 등 많은 단어가 연상될 것이다. 모두 소중한 가치를 지닌 용어들이다. 그러나 이 모든 단어들도 '생명'이 전제되지 않으면 아무런 효용가치가 없다. 생명이 없는 사회와 지구를 상상하기란 어렵다. '상상' 자체가 존재하지 않는다.

생명의 반대말은 전쟁일 것이다. 전쟁은 인간의 생

명부터 모든 것을 휩쓸어가버린다. 한때 한반도 상공에
스멀거리던 핵전쟁의 위험은 인간은 물론 이땅에 존재
하는 모든 생명체를 동시에 멸살시킨다. 지금 북한이나
미국을 비롯 각국이 갖고 있는 각종 핵무기는 여차하
면 한민족과 인류를 완벽하게 그리고 불가역적으로 파
멸시키고도 남는다. 이에 비해 60여 년 전 이 땅에서 벌
어진 6·25전쟁은 어쩌면 '석기시대의 전쟁'에 속한다고
할 수 있다. 운이 좋으면 목숨과 재산을 건질 수 있었기
때문이다.

지금 세계 각국이 보유한 핵무기의 규모는 지구를
완벽하게 파멸시키는 데 모자라지 않는다. 인류의 과학
문명의 발전이 인류를 완벽하게 파멸하는 우매함에 이
르렀다는 것은 21세기 인류가 석기시대 인간보다 결
코 정신사적으로 진보하지 못했음을 입증한다. 석기인
들은 기껏 돌멩이를 무기로 쓰거나 잡은 짐승을 빼앗는
수준의 싸움이었다. 북핵문제 해결을 비롯하여 각국이
보유한 핵(탄두)도 모두 폐기하는 국제적인 캠페인이 전
개돼야 할 것이다.

인공지능을 개발한 인간이 마치 더듬이를 잃은 곤
충처럼, 21세기의 인류는 방향감각을 상실한 채 방황하
고 있다. 지구의 한계를 모르는 채 무한적인 물질문명의
추구는 환경파괴로 나타나 이제 그 종점에 이르렀다. 공

산주의는 소멸하고 자본주의는 위기를 맞고 있다.

영국의 신경과학자 제프 호킨스는 호모사피엔스가 멸종을 피하려면 100년 안에 다른 행성을 찾아서 지구를 떠나야 한다고 했지만, 우리는 다른 행성을 찾을 과학기술도 경제적 역량도 없다. 여기에 위기의 본질이 있다. 이것은 바로 '지구적인 위기'에 속한다.

일체의 이론은 회색이고 생명의 황금수黃金樹만이 푸른빛이다.　　　　　　　　　　　　_괴테,《파우스트》

생명은 기다려주지 않는다. 생명은 되돌아오지도 않는다.　　　　　　　　　　　　_바슐라르,《꿈꿀 권리》

살려고 하고 그 존재는 유지하려고 하는 것은 모든 생명체의 고유한 성질이다.　　　　　　_프롬,《인간의 마음》

나는 나무에서 잎사귀 하나라도 의미 없이 따지 않는다. 한 포기의 들꽃도 꺾지 않는다. 벌레도 밟지 않도록 조심한다. 여름밤 램프 밑에서 일할 때 벌레와 날개가 타서 책상 위에 떨어지는 것보다는 차라리 창문을 닫고 무더운 공기를 호흡한다.　　　　　_슈바이처,《나의 생애와 사상》

생명은 자기 자신만으로는 완결이 안 되는/만들어짐의 과정.//꽃도/암꽃술과 수술로 되어 있는 것만으로는/불충분하고//벌레나 바람이 찾아와 암꽃술과 수술을 연결하는 것.//생명은/제 안에 결여를 안고/그것을 타자가 채

워주는 것. _요시나 히로시, 〈생명〉

21세기에 우리가 누리고 있는 문명Civilization이라는 낱말은 '도시City'에서 유래하고, 야만이라는 낱말은 '숲Cavage'을 나타내는 라틴어에서 유래한다. 가장 야만적인 생활방식은 가장 현대적인 도시 가운데서 발현된다는 이 아이러니가 현대 물질문명의 비극을 잉태하는 탯줄이 되고 있는 셈이다.

문명은 기적을 낳지만 문명인은 야만으로 돌아간다. _토크빌

인류 1만 5천 년의 역사는 채집문명에서 농업문명, 그리고 산업문명을 거쳐 지식정보화시대에 접어들었다. 이 과정에서 지구촌은 온통 자연이 파괴되고 도시화가 진척되면서 오늘날 인류의 세기말적인 재앙을 불러왔다. 지난 1만 5천 년간 유지되어온 지구의 평균 온도가 산업혁명 후 100년간 1.2도 올랐고, 한반도는 1.5도 상승했다.

대단히 부끄럽고 불안한 현상이지만 한반도는 군사밀도 1위, 원전밀도 1위에 이어 기온상승률 1위의 기록까지 갖게 되었다. 지구 평균 온도가 1도 올라가면 북극

얼음이 녹기 시작하고, 4도가 올라가면 알프스의 빙하가 모두 사라진다. 젊은 세대에게 큰 빚을 지고 있는 기성세대는 부저유어釜底游魚, 즉 솥 안에 노는 물고기가 잠시 뒤 삶아질 운명을 모르는 형국이다. 부유한 나라는 여전히 파충류적인 식성으로 자연을 황폐화시키고 가난한 나라들 역시 이를 따라 도끼질을 멈추지 않는다.

100년도 훨씬 더 지난 시절에 해월 최시형은 자연 보호와 환경 생태를 강조했다.

접물은 우리 도의 거룩한 교화이니 제군은 풀 한 포기 나무 한 그루라도 무고히 해치지 말라. 도 닦는 차제次第가 천天을 경敬할 것이요, 인人을 경할 것이요, 물物을 경할 것에 있나니, 사람이 혹 천을 경할 줄은 알되 인을 경할 줄은 모르며, 인을 경할 줄은 알되 물을 경할 줄을 모르나니, 물을 경치 못하는 자 인을 경한다 함이 아직 도에 닿지 못한 것이니라.

_〈해월신사〉,《천도교 창건사》중에서

발등에 불이 떨어졌다. 스웨덴의 소녀 환경운동가인 툰베리는 알아도 해월의 선각은 잘 알지 못하는 우리들 당대와 후손을 생각하는 마음으로 함께 선생의 발자취를 탐사해보면 어떨까.

난세와 역경 속에서 성장하다

조실부모한 최시형의 어린 시절

세상의 이치는 참으로 오묘하다. 하늘의 섭리라고
나 할까. 시국이 어지럽고 민심이 흉흉해지면 인물이
나타난다. 난세의 인물이 있는가 하면 평세의 인물도
있다. 최시형이 태어난 1827년(순조 27)은 조선왕조의
해체기에 속한다.

영·정조의 부흥기가 지나고 순조가 집권하면서 안
동김씨의 세도정치가 시작되어 부패무능한 조선왕조는
민란과 폭동으로 소용돌이에 휩싸였다. 1835년 헌종의
즉위와 함께 풍양조씨의 세도정치로 국정은 더욱 문란

해지고 세상은 날로 어지러워졌다.

각지에서 민란과 폭동이 그치지 않고 러시아 선박에 이어 연안에는 이양선異樣船이라 불린 서양의 군함과 상선이 출몰했다. 또한 천주교도 수백 명이 체포되는 등 국정은 날이 갈수록 소연해졌다. 흉년이 거듭된데다 각종 괴질까지 창궐하면서 백성들은 불안과 위기감에 내몰렸다. 천주교가 들어와 기층민중 사이에 널리 전파되고 신도들이 늘었지만 조상의 제사를 지내지 않는 등으로 전통적 의례와 상치되는 부분이 적지 않았고 관의 탄압이 심하여 지하로 잠복했다.

19세기 중엽 조선 사회는 심각한 위기상황을 맞고 있었다. 소수 지배계급의 국정농단과 적폐로 인해 내적 붕괴과정이 빨라지고, 양반과 유생들은 여전히 전통적인 화이관(華夷觀, 중국에서 나타난 자문화 중심주의 사상)에 빠져 있었다. 외세의 침탈 역시 날이 갈수록 심해졌다.

이런 시기에 수운 최제우가 전통 유학에 도전하고, 서세에 대응하여 유교·불교·도교와 종래의 무속신앙 그리고 여기에 자신의 인내천을 융합하여 민족 고유의 사상·철학·종교인 동학을 창도하여 민중을 깨우치기 위해, 민족적인 자아 회복과 주체성 정립에 나서고 있었다.

그는 "사람이 곧 하늘이다"라고 주창하면서 백성들

과 고락을 함께했다. 역대 왕조와 지배층이 민본民本을 내세우면서도 백성을 짜먹기의 대상으로만 여기던 시대에 '사람이 곧 하늘'이라는 인내천 사상은 하늘이 놀랄 발언이었다. 다음과 같은 최제우의 토로에서 당대의 정황이 잘 드러난다.

이러므로 우리나라는 악질惡疾이 세상에 가득차서 백성들이 언제나 편안할 때가 없으니 이 또한 상해傷害의 운수요, 서양은 싸우면 이기고 치면 빼앗아 이루지 못하는 일이 없으니 천하가 다 멸망하면 또한 순망지탄脣亡之歎이 없지 않을 것이라. 보국안민輔國安民의 계책이 장차 어디서 나올 것인가.

_〈포덕문〉, 《동경대전》 중에서[5]

여기서 말하는 '악질'은 각종 전염병은 물론 삼정三政의 문란으로 가져온 정치사회적인 질환과 서양세력의 침략 등을 포함한다. 최시형은 임진왜란과 병자호란 등 양란을 겪고 거듭되는 세도정치로 낡고 병든 봉건질서가 기울고 사회적 혼란이 일던 시기에 태어났다.

1827년 3월 21일(양력 4월 16일)에 외가인 경주 동촌 황오리(지금의 황오동 229번지)에서 아버지 최종수(崔宗秀, 1804~1841)와 어머니 월성배씨(?~1832) 사이에 출생했다.

그는 신라 말의 대석학인 고운 최치원의 30대손이며, 중시조인 여말의 충신 관가정觀稼亭의 16대손이다. 또 그의 8대조는 조선조 선조대宣祖代의 당상관인 통정대부, 예조참의를 지낸 최무민崔武敏이었으며 5대조까지 연이어 통정대부의 벼슬을 지낸 경주의 명문가였다.

특히 그의 증조부 최계동崔啓東은 할아버지의 뒤를 이어 몇 차례 과거를 통해 중앙정계 진출을 시도하였으나, 남인 출신인 관계로 번번이 좌절되고 말았다. 원래 최계동은 도학과 명리학에 밝아서 경주의 산천을 벗삼아 고적과 역사, 풍수지리 연구를 하면서 산림처사로 평생을 불우하게 보냈다.[6]

최계동은 슬하에 5형제를 두었는데 그의 아들 규인奎仁이 최시형의 할아버지다. 할아버지는 종수宗秀·한수漢秀 두 아들을 두고 35세에 세상을 뜨면서 가세가 기울어졌다.

최시형의 아버지 최종수는 곤궁해진 생활고 속에서도 그의 첫 아들이자 최씨 가문의 종손인 최시형에게 가문의 법도와 조상들의 훌륭한 내력을 가르쳤다. 한편 그를 증조부 최계동의 학문을 이어갈 선비로 키우기 위해 김계사金桂史 등과 함께 늦은 나이인 10세 때, 경주의 서쪽 선도산 밑에 자리잡은 서악서원西岳書院에서 학문에 입문하도록 했다.

김계사는 최시형보다 5살 아래로 경주 지역의 명문 장이며 김범부의 스승이기도 하다. 김범부는 네 살부터 열세 살까지 김계사에게서 한문칠서 등을 수학했다고 한다.[7]

최시형의 어릴 적 이름은 경상慶翔, 자는 경오敬悟인 데 뒷날 시형時亨으로 개명했다. '해월海月'이라는 호는 언제부터 사용한 것인지는 분명치 않는데, 〈해월 최시형의 약력〉에는 "1863년(36세) 7월 23일에 수운 최제우로부터 해월당海月堂의 도호를 받고 북접주인으로 임명. 같은 해 8월 14일 수운으로부터 도통(道統, 정통 계승자)을 전수"[8]했다고 되어 있다.

최시형은 6세 때 어머니를 잃고 계모 영일정씨鄭氏 슬하에서 자라다 15세 때 아버지가 세상을 뜨자 계모가 떠나가고 누이동생과 함께 먼 친척집에서 성장한다. 유년기는 경북 영일군 신광면 터일(지금의 기일동)에서 보냈다.

조실부모한 최시형은 역경 속에서도 건장하게 자라서 17세에는 음금당 마을에서 한지를 만드는 조지소造紙所에서 일을 했다. 여기서 기술을 배우며 인근 지역 거래처에 한지를 날라다 주는 등의 일을 하면서 2년간 살았다. 이 시기에 그는 세상 물정을 터득하고, 19세에 흥해의 밀양손씨(?~1889)와 결혼하여 터일마을 안쪽의 음금당 마을과 흥해의 마북동에서 살았다.

그의 누이동생은 마북동 조지소에 있을 때 경주 서촌의 종숙부 소개로 임익서林益瑞에게 출가시켰다. 이 임익서는 최시형과 함께 동학에 입도하여 최제우의 지도를 받았고 후일 최제우가 대구 장대에서 순교했을 때 최시형을 대신하여 그의 시신을 경주 용담정까지 운구하여 장례를 치르는 등 초창기 동학조직의 핵심인물로 활동했다.[9]

최시형이 여기서 여섯 해를 사는 동안에 그곳 지방 사람들의 신망을 얻어 집강執綱으로 뽑혔다. 오늘날의 면장이나 이장에 해당하는 집강으로 천거되었다는 점에 비추어 그의 공명정직하고 청렴결백한 성품을 엿볼 수 있게 한다. 부모를 일찍 여의고 어려서부터 먼 일가에 한 몸을 의지하고 살아야 했던 그가 이제 떳떳하게 마북이라는 한 마을을 대표하게 된 것이다.

또한 그는 어려서부터 스승의 가르침이나 가정교육도 정상적으로 받을 수 없는 처지에서 자랐다. 그러나 남달리 튼튼한 몸에 부지런하고 마음씨마저 착하고 어질기 때문에 사람들의 사랑과 믿음을 받을 수 있었다.[10]

수운 최제우와의 만남

　시대적으로 불안한 시기에 불운한 가정에서 흙수저로 태어나 불우하게 젊은 날을 산 최시형은 산골마을을 전전하며 생계를 유지하며 세상사를 익혔다. 그는 마북의 깊은 산간인 검곡劍谷 마을에까지 들어가 살게 되었다. 물려받은 땅 한 뙈기 없어서 아내와 함께 여기저기 옮겨다녔다. 이러한 잦은 이사가 인심을 알고 세태를 살피는 데 큰 도움을 주었다.

　실상 검곡은 정상적인 마을과는 동떨어진 화전민이나 사는 지역이었다. 1980년대까지만 해도 산 중턱에는 화전을 일구었던 흔적이 남아 있었다. 그는 이곳에서 화전을 일구며 화전민으로 살아갔다.

　최시형이 동학에 입도하기 전, 나이 서른이 넘어 화전민의 삶을 택했다는 것은 그만큼 그의 현실적 삶이 어려웠다는 증거다. 가진 땅 한 평 없이, 가진 재산도 없이 살 수가 없어, 깊은 산간 화전민 마을을 찾아올라갔던 것이다. 이러한 그의 삶이란 결국 가난과 외로움으로 점철된 고난의 삶이었으며, 당시로서는 가장 소외받는 하층민의 삶이 아닐 수 없다.[11]

　사람은 두 번 탄생하는 것이다. 하나는 세상에 태어날

때의 탄생, 또 하나의 생활에 들어가는 탄생인 것이다.

_J·루소. 《에밀》

불우한 청년 최시형은 맑은 정신으로 노력하며 살려고 했지만 세상사는 암담하기 그지없었다.

해월신사(神師, 최시형을 존칭함)가 대신사(大神師, 최제우를 존칭함)를 만나기 전, 그러므로 '동학의 가르침'을 받기 그 이전의 해월신사는 당시의 시대적인 상황 속에서 아무러한 희망조차 가질 수 없었던 계층의 사람이었다. 한 사람의 머슴, 한 사람의 용인庸人, 한 사람의 화전민火田民이라는, 당시 사회로부터 소외된 계층의 외롭고 또 가난한 한 사람에 불과했었다.

_윤석산. 〈해월신사의 생애와 리더십〉 중에서[12]

우연이었는지 섭리였는지 알 수 없으나 최시형의 인근에서 한 인물이 나타났다. 그는 진작부터 수운 최제우의 존재와 파격적인 발언을 소문으로 듣고 있었다. 이제까지 듣도 보도 못한 말이었고, 마음에 깊이 와 닿았다. 그래선지 따르는 사람도 많다고 하고, 세상은 곧 천지개벽할 것이라는 풍문도 따랐다.

최제우가 득도하여 1861년 6월부터 포교를 시작하

자 어진 선비들과 백성들이 구름같이 모여들었다. 그러자 11월에는 지방 유생들이 그를 서학쟁이로 몰아 발고하면서 관으로부터 탄압이 따르자, 호남 지방 남원 교룡산성 은적암으로 은거하게 된다. 이때 최제우는 〈논학문〉〈수덕문〉 등을 지었다. 이듬해 7월 호남을 떠나 경주부 청송으로 돌아와서 백사길과 박여대의 집에 머무르고 있었다. 관의 탄압이 더욱 심해져서 포교활동을 하기 어려운 상황이 되었다. 포교를 처음 시작할 무렵에 최시형은 경주 용담정으로 최제우를 찾아갔다.

대신사께서 경신년 4월 초 5일 득도를 한 후 1년이 지난 신유년에 이르러 포덕을 하게 되자 해월신사는 경주 용담정으로 찾아가 대신사의 가르침을 받고 입도를 하였다. 입도한 해월신사는 한 달에 서너번 씩 대신사를 찾아 뵙고 설교, 강론을 듣고 도법道法을 배우는 데 게을리 하지 않았다.

특히 하루는 "대신사께서 독공하실 때 한울님 말씀을 들었다 하니 내 성력을 다 하여 한울님 마음을 움직이게 하리라" 하고, 추운 겨울 날 집 아래 계곡의 찬물에 매일 목욕을 하였다. 이렇게 하기를 계속하자 물이 차지 않고 밤이 어둡지 않는 듯하더니 문득 공중으로부터 '양신소해 우한천지급좌陽身所害 又寒泉之急坐'라는 소리가 들리므로 냉수욕을 중단하였다. 신사께서 이 말씀을 들은 후 대신사를 뵙고 이 상황에 대하여 말씀을 드렸더니 대신사께서 "그대가 한울님 말씀을 들은 시간은 내가 수덕문을 읊던 시간이니 나의 글 읊는 소리가 그대의 귀에 영감으로 들린 것이 분명하다"고 하였다.

이와 같은 수련을 거듭한 해월신사는 이해 3월에 대신사로부터 '포덕에 종사하라'는 명교를 받고 영해·영덕·상주·홍해·예천·청도 등지를 순회하여 많은 포덕을 하였는데 이때 검악포덕 劍岳布德이라는 별칭을 얻기도 하였다.

_ 한국동학학회 편집부, 〈동학의 문화유적순례 1〉 중에서[13]

최제우는 머지않아 자신의 신변에 변고가 닥칠 것을 예상하고, 동학의 교단을 지키기 위해 최시형에게 후계체제를 갖추도록 했다. 1863년 7월 23일 최제우는 40~50명의 도인들이 모인 자리에서 최시형을 북도중주인(北道中主人, 경주 북부 지방의 포교 책임자)으로 임명했다.

마침 경상(최시형)이 오자 오랫동안 상담하고 나서 특별히 북도중주인으로 정하였다. 선생은 탄식하며 노여운 기색을 보이는 듯하다가 다시 기색을 가라앉히고 부드러운 음성으로 이르기를 "진실로 성공자 成功者는 가는 것이다. 이 운수를 생각하니 필시 그대 때문에 생겨났다. 이제부터 도의 일을 신중하게 처리하여 나의 가르침에 어김이 없도록 하라." 경상은, "어찌하여 이런 훈계말씀을 하십니까" 하자 선생은 이는 곳 운이니라 난들 운이니 어찌하랴. 그대는 마땅히 명심하고 잊지 말아야 한다." 경상은 다시 말하기를 "선생의 교훈의 말씀은 저에게 과분하다"고 하였다. 선생은 웃으시며 "일인즉 그리되었다. 걱정하지도 말고 의심하지도 말라"고 하였다.

_《최선생문집도원기서》 중에서[14]

최제우는 여기서 "성공자는 가는 것이다"라는 말을 했다. 자신이 할 일은 다 하였으니 이제 후사를 넘긴다는 뜻이다.

이로부터 경주 남쪽南道中은 최제우가 직접 관할하고 북쪽北道中은 최시형이 분담하여 관할하게 된다. 북도중 지역은 경주북산중(검곡 일대), 영일, 청하, 영덕, 영해, 평해, 진보, 안동, 영양, 단양, 신녕, 예천, 상주, 보은 등이다. 《해월선생문집》에는 "지금부터 해월을 북접주인北接主人으로 정하였으니 내왕하는 도인들은 먼저 검곡을 거쳐 오라"고 했다고 한다. 이런 조치는 후계자에게 권위를 실어주기 위한 배려로 보인다.[15]

흔히 동학의 조직을 두고 경상도와 충청도 지역을 북접, 전라도 지역을 남접으로 분류하는 경향이 있다. 이어서 동학혁명기에 남접은 무장봉기를, 북접은 이를 반대하는 것으로 이해되기도 한다. 전봉준의 얘기를 들어본다.

　문 : 동학 가운데 남접 북접이라 일컬어지는 것이 있는
데 무엇에 의하여 남북을 구분하는가?
　답 : 호이남湖以南을 칭하여 남접이라 하고 호중湖中을
칭하여 북접이라 한다.

_〈전봉준 공초 재초문목〉 중에서[16]

　남접과 북접이란 용어는 상호 대립되는 개념이 아
니다. 북접이란 동학 도통의 정통성을 상징하는 용어
로, 남접은 호이남의 동학 조직, 즉 전라도 일대의 동학
조직을 편의상 부르는 이름으로 사용되었을 뿐이다.[17]

동학 제2세 교조가 되다

동학의 도통을 이어받다

어느 시대나 마찬가지이지만 기득권층은 개혁·진보·혁신세력을 적대시한다. 조선후기의 양반 사대부들도 다르지 않았다. 거듭하여 관청에 최제우를 발고하고, 관에서는 그의 주변에 많은 사람이 모여드는 것을 불온시하면서 감시가 더욱 심해지고 있었다.

이와 같은 정세를 훤히 꿰고 있던 최제우는 후계체제를 서둘렀고, 동학 초기의 많은 제자 중에 도드라지지 않았던 최시형에게 도통을 넘긴 것은 무엇 때문일까. 150여 년이 지난 오늘에도 글로벌기업은 물론 대부분의 기업이 경영권을 자식들에게 물려주고, 심지어 교회의 목사직까지 세습하는 세태다.

최제우가 남원에서 돌아와 경주 박대여의 집에 은신하고 있을 때 최시형은 틈나는 대로 찾아가 가르침을 받았다. 비록 3년의 터울이지만 만날수록 경외심이 생겼다. 지극정성으로 모시고 스승으로 섬겼다. 스승도 총명하고 소탈한 그를 무척 아껴주었다. 최시형의 동학 입도 경위에는 두 가지 설이 있다. 1861년 최제우로부터 직접 동학의 가르침을 전해 받고 입도했다는 설과 1866년에 강원도 간성에 사는 필묵상 박춘서朴春瑞에게서 동학을 전수받아 입도했다는 설이 있다. 최제우의 일대기를 담은《도원기서道源記書》나《수운행록水雲行錄》등에는 최시형이 이미 1862년 3월 이전부터 동학에서 활동하고 있었음을 밝히고 있다. 이로 미루어 최제우로부터 직접 가르침을 받고 입도했다고 보는 편이 타당할 듯하다.

남원에서 7월에 돌아온 대신사는 경주 서면 박대여의 집에 은신하고 있었다. 문득 대신사가 돌아왔다는 느낌이 들어 찾아가니 대신사가 반가히 맞아주었다. 신사는 수행 중 "양신소해 우한천지급좌陽身所害 又寒泉之急座"라는 말을 들었다고 하자 대신사는 "큰 조화를 받은 것이라"고 칭

찬하였다. 남원에서 〈수덕문〉을 초하여 읽을 때 그 소리를 들었을 것이라고 하였다. 신사는 비로소 천어天語가 무엇인가를 깨달았다.

_표영삼,《동학 1》 중에서[18]

최제우가 자기 운명의 막바지에 최시형에게 도통을 넘긴 뒤 5개월 여 만에 사도난정의 죄목으로 대구 관덕당에서 참형을 받아 순도하고, 그 제자와 도인들도 엄청난 핍박을 받았지만 동학이 전국으로 확산하고 도통을 지킬 수 있었던 것은 2세 교조 최시형의 역할 때문이었다.

동학의 초기 자료인 《도원기서》 등에는 이와 관련 기록이 남아 있다. 아래는 이들을 종합하여 현대문으로 정리한 내용이다. 다소 장황하지만 동학의 역사와 최시형을 이해하는 데 중요한 대목이어서 소개한다.

각지 도인들에게 칼 노래를 가르쳐주던 해월은 9월 한가위가 가까워 오자 추석을 집안 식구와 함께 보낼 심산으로 검곡에 돌아왔다. 팔월 열나흘 날 아침에도 그는 동틀 때부터 연못에 나가 목욕을 하고 뜰과 마당을 깨끗이 쓴 후에 수심정기하고 정좌하였다. 강령주문降靈呪文을 3천 독하고 심고하는 중에 퍼뜩 영감이 일어났다. 즉 용담정에 계신 스승님이 자기를 부르는 것 같았다. 그가 곧 조반도 먹지 않고 사십 리 길을 달려 용담에 이르니 스승님은 방에 홀로 앉아 묵념하고 있었다. 해월이 인사를 올리니 스승님은 회색이 만면 반겨주신다. "해월 그대가 웬일인가? 내일이 추석인데 왜 집에서 명절을 쇠지 않고 오나?"

"네. 추석을 쇠려고 집에 있다가 심고 중에 선생님을 뵙고 싶어서 달려오는 길입니다."

"오, 그랬나? 아무튼 잘 왔네. 실은 나도 그대를 보고 싶었네."

해월이 수운의 뒤를 따라 도장道場에 들어가니 방바닥에 돗자리가 한 장 깔려 있었다. 전에 없던 일에 해월은 영문을 몰라 당황하였다.

"해월. 저리로 앉게."

해월이 선생님이 가리키는 돗자리 위에 무릎을 꿇고 앉으니 스승님이 갑자기 눈을 부릅뜨고 정면으로 쏘아보시는데 두 눈에 섬광이 번쩍이는 듯하였다. 한참 그렇게 보고 있더니 이윽고 "몸을 움직여보라!" 하는 명령이 떨어졌다. 해월은 움직이려고 전신에 힘을 주었다. 그러나 어쩐 일인지 팔다리는 물론 입까지 조금도 움직여지지 않는다. 해월이 움직이려고 애쓰는 것을 바라보던 스승님은 다시 굳은 표정을 풀고 빙그레 웃으신다.

"이 사람아, 움직이라니까 왜 그러고 있나?"

말이 끝나자 비로소 해월의 몸이 풀어져 자유롭게 움직일 수 있었다.

"선생님, 죄송하옵니다. 어쩐 일인지 선생님께서 저를 쏘아보신 뒤로 몸을 통 움직일 수가 없고 말도 나오지 않았사옵니다."

"그게 바로 그대 마음이 내 마음과 하나가 된 증거일세. 천지 만물은 본래 한마음 한 기운인데, 세상 사람들이 이를 모르고 각각 자기의 육신에서 나오는 사리사욕에 마음을 빼앗겨 서로의 마음과 기운이 통하지 않는 것일세. 나와 그대는 이미 도력道力으로 그 기운을 통하였으니 내 마음이 곧 그대 마음이어서 한마음처럼 움직여진다는 것이 증명되었으니 다행이야."

말씀을 마치자 스승님은 〈수심정기守心正気〉 넉 자가 적힌 종이 한 장과 〈용담수류사해원·검악춘회일세화龍潭水流四海源·劍岳春回 一世花〉라 쓴 족자 한 장을 내어주신다.

"이것이 그대의 장래이니 잘 보전하게. 그리고 이제부터는 그대가 나를 대신해서 무극대도의 도통을 이어받았네."

해월은 정신이 아득하고 몸이 떨려 어쩔 줄 몰랐다.

"선생님! 이게 무슨 말씀이옵니까? 저는 무식하고 천한 사람이옵니다. 저 같은 놈더러 무극대도의 대통을 이으라 하심은 천만 부당한 말씀인 줄 아옵니다."

"아니야. '사시지서성공자거四時之序成功者去'라 하였으니 성공한 자는 가고, 새 사람이 나와 일을 맡는 것이 천리가 아니고 무엇이겠나? 나는 가야 할 때가 되었나 보네. 그대에게 모든 일을 당부하고 갈 터이니 그리 알게."

해월은 더욱 참담하였다. 하늘이 무너지는 것 같았다. "선생님! 가신다니요? 어디로 가신단 말씀입니까? 저희들을 두고 가신다니 이제 어찌 된 일이옵니까?"

눈물이 왈칵 쏟아져서 그는 방바닥에 엎드려 울었다. 슬픔이 복바쳐 어쩔 줄 모르는 제자를 물끄러미 지켜보던 스승님이 다시 입을 열었다.

"해월, 슬퍼할 것 없네. 이것이 모두 천명天命이라네. 후천 5만 년의 개벽운수가 오기 위해서는 어쩔 수 없는 천운天運이야. 부디 그대는 천명을 따르게나."

_최동희,《민중의 메시아 해월 최시형》중에서[19]

사람 섬기기를 한울같이

최시형의 생애는 최제우를 떼어놓고는 상상할 수 없다. 앞에서 소개한 루소의《에밀》에서 인용한 '두 번째 출생론'과 연관되기에 더욱 그러하다. 스승의 뜻에 따라 산간마을에서 포교활동을 하던 중에 스승과 제자

23명이 체포되었다. 박씨부인과 맏아들 세정世貞까지 포박되어 경주부에 끌려갔다. 스승은 불원간에 포졸들이 들이닥칠 것을 예견하고 그를 멀리 산간 마을에 피신시킨 것이다. 포교 중이던 최시형은 최제우가 대구 감영에 수감되었다는 소식을 듣고 도인들을 찾아다니며 옥바라지 비용을 모으는 등 대책을 서둘렀다. 소식을 들은 많은 도인들이 대구 안으로 모여들었다. 각 지역의 책임자인 접주들이 중심이 되었다.

최시형은 현풍 출신 동학도 곽덕원을 대구 감영의 하인으로 분장시켜 최제우에게 식사를 올리도록 했다. 그런데 최제우는 최시형이 빨리 이곳을 떠나라고 명한다.

경상(해월)이 지금 성중에 있는가. 머지않아 잡으러 갈 것이니 내 말을 전하여 고비원주(高飛遠走, 멀리 피신)하게 하라. 만일 잡히면 매우 위태롭게 될 것이다. 번거롭게 여기지 말고 내 말을 꼭 전하라.

_《최선생문집도원기서》 중에서[20]

최제우는 이 자리에서 또 시 한 수를 읊으며 곽덕원에게 이를 도인들에게 전하라고 했다. 사실상 최제우가 이 세상에서 마지막으로 남긴 유시遺詩였다.

등불燈이 밝아 물 위에 아무러한 혐극嫌隙이 없고,

기둥이 마른 것 같으나 힘이 남아 있다.

_〈시문편〉,《동경대전》중에서[21]

이 시는 "조정에서 자신을 죽이려고 없는 죄목을 만들어 씌우려 하지만 혐의를 잡지 못할 것이다. 결국 나는 그들의 손에 죽겠지만 나의 가르침은 마른 기둥 같으니 그 힘은 영원히 남아 있을 것"이라는 내용을 함축한다.

세계의 성자들은 "높은 이상, 초인적인 의지, 죽음까지도 불사하는 신앙심(황필호)"으로 종교를 창도하고 진리를 설파하다가 당대의 권력에 의해 희생된다. 하지만 "기둥이 마른 것 같으나 힘"은 남아 있었다.

최제우와 동학에 극도로 적대적인 지방관들로 구성된 심문관들은 경상감사 서헌순의 명의로 조정에 장계(狀啓, 오늘의 검찰 기소장)를 올렸다. 최제우의 포교 내용이나《용담유사龍潭遺詞》등에 대해서는 한마디도 언급하지 않고 사설邪說을 퍼뜨려 민심을 현혹시켰다는 이유를 담았다.[22]

최제우는 동학의 교통을 유지하고자 옥중에서도 자신의 가족보다 후계자로 점 찍은 최시형에게 멀리 피신하라고 유언을 남긴 채 참살 당했다. 이와는 다른 기록도 있다. 평생을 동학(혁명)연구에 바쳤던 이이화의 견해이다.

최시형은 스승의 지침에 따라 산간마을을 다니며 포교활동을 하던 중 최제우의 체포 소식을 들었다. 최시형은 대구로 몰래 들어와 감옥의 옥졸을 매수해서 옥졸의 차림새를 하고 밥을 들고 감옥의 최제우에게 접근했다. 최제우는 담뱃대를 최시형에게 건네주었다. 이를 받아들고 대구 감영을 나와 담뱃대를 쪼개보니 심지心紙에 "고비원주"라는 글귀가 씌어 있었다. 또 "등잔불이 물 위에 비칠 적에 희미하다고 탓하지 말라. 기둥이 말라비틀어진 것 같지만 버틸 힘은 있는 것이니라"라는 싯귀도 적혀 있었다.

일루의 희망을 최시형에게 걸고 멀리 도망가서 목숨을 부지하라는 뜻이었다. 최시형은 스승의 가르침대로 달아났다. 하지만 최제우의 시체를 거두지도 못했고, 함께 죽은 도인들의 장례에 참석하지도 못했다.[23]

최시형은 스승의 참형 소식을 듣고 심장이 에어왔다. 감성이 무뎌졌다. 분노를 삭일 시간도 없이, 마음의 일렁임을 안고서 스승의 가르침을 되살리고 유품을 정리하여 동학을 확산하는 데 모든 것을 바치기로 다짐한다. 그는 72세로 처형당할 때까지 35년 동안 변함없이 그 일에 매진했다.

모든 조직의 기본은 서로가 서로를 믿을 수 있는 신뢰에 있다. 최시형는 관으로부터 쫓기는 신세이면서도 스승인 최제우의 유족이나 동지들을 한 때도 저버린 적이 없었다. 늘 최제우의 유족을 보호했으며, 혹여 동지가 체포되었을 때는 이를 위하여 아침저녁으로 심고(心告, 동학에서 교인들이 모든 동작을 할 때마다 먼저 한울님께 마음으로 고하는 일)를 드리고, 구출을 위하여 늘 최선을 다했다고 한다. 그러므로 이들 사이에는 신뢰를 바탕으로 하는 견고한 신앙의 고리가 구축되어 있었다.[24] 스승이 세상을 떠난 뒤 많은 제자와 교도들이 핍박을 받고 관리들이 두 눈에 쌍불을 켜며 뒤쫓는 상황에서 그가 가야 할 길은 멀고도 험난했다. 그는 스승으로부터 많은 배움을 받았고 스스로 깨달음을 더해 동학의 정신을 온몸으로 체득했다.

해월신사는 지극한 정성과 노력으로 동학적 수련에 임하므로 '높은 경지'에 오르게 되었다. 이와 같은 높은 경지에 이르렀다는 사실이 해월신사로 하여금 동학의 지도자로 한 생애를 살아갈 수 있었고, 나아가 수많은 교도들을 이끌 수 있는, 리더십을 지니게 한 가장 중요한 바탕이었다고 하겠다.

_윤석산, 〈해월신사의 생애와 리더십〉 중에서[25]

최시형은 동학을 이끌면서 기본을 '사람 섬기기'에 두었다. 그의 리더십의 본질이라 할 것이다.

사람이 바로 한울이니 사람 섬기기를 한울같이 하라. 내 제군들을 보니 스스로 잘난 체하는 자가 많으니 한심한 일이요, 도에서 이탈되는 사람도 이래서 생기니 슬픈 일이로다. 나 또한 이런 마음이 생기려면 생길 수 있느니라. 이런 마음이 생기려면 생길 수 있으나 이런 마음을 감히 내지 않는 것은 한울님을 내 마음에 양하지 못할까 두려워 함이로다.

_〈대인접물〉, 《해월신사법설》중에서[26]

고난의 시대를 극복하고

35년간 쫓기며 동학 포교활동하다

　동학을 창도한 최제우가 대구 감영에서 사형당하기 한 해 전인 1863년 철종이 후사가 없이 죽자 조대비에 의해 흥선대원군 이하응의 둘째아들 명복命福이 어린 나이에 즉위하면서(고종), 흥선대원군이 섭정을 맡게 되었다. 대원군의 시대가 열렸다.

　1862년 2월 진주민란을 시작으로 이른바 임술민란 壬戌民亂이 전국 각지에서 발생하고, 1864년 11월에는 경기·충청·황해 3도에서 화적떼가 민가를 약탈하는 등 국정은 혼란스러웠다. 대원군은 집권하여 일대 개혁정책을 시도했으나 중축이 부러지고 곪을 대로 곪은 국정은 쉽게 치유되지 않았다. 실책도 적지 않았다.

안동김씨의 세도를 제거하고 당쟁의 악습을 없애기 위해 사색(四色, 조선 선조 때부터 후기까지 사상과 이념의 차이로 분화하여 나라의 정치적인 판국을 좌우한 네 당파. 노론, 소론, 남인, 북인을 이름)을 신분·계급·출생지의 차별 없이 평등하게 등용했으며, 부패관리를 적발·파직시켰다. 국가재정을 좀먹고 당쟁의 소굴이 되고 있는 서원을 47개만 남겨놓고 모두 철폐하고, 세제를 개혁하는 등 과감한 개혁정치를 추진함으로써 민생을 다소 안정시키고 국고도 충실하게 만들었다.

또한《대전회통大典會通》등의 법전을 편수·간행하여 법률제도를 확립함으로써 중앙집권적인 정치기강을 수립하는 한편, 비변사備邊司를 폐지하고 의정부議政府와 삼군부三軍府를 두어 정권과 군권을 분리하는 등 군제를 개혁했다.

실책으로는, 경복궁을 중건하면서 원납전을 발행하여 민생을 어렵게 만들었으며, 천주교를 무자비하게 탄압하고 외국인 선교사를 죽임으로써 1866년(고종 3) 병인양요丙寅洋擾를 일으킨 데 이어, 국제정세에 어두운 나머지 쇄국정책을 고집하여 1871년 신미양요辛未洋擾 등이 발발함으로써 국제관계를 악화시키고 외래문명의 흡수가 늦어지게 했다.

정부는 동학에 대한 탄압도 멈추지 않았다. 1세 교조 최제우를 처형한 조정은 '그 잔당'을 소탕하기 위해 관헌을 풀어 동학도를 닥치는대로 검거하고, 동학을 적대시해온 지방의 유생들은 이 기회에 '주자학의 이단세력'을 뿌리 뽑고자 은신 중인 신도들까지 관에 신고했다.

이조 봉건 정부의 동학신도에 대한 추궁은 1세 교조 처형 후에도 계속되었다. 이 시기가 가장 고난이 많은 때로 교의敎義는 관헌의 눈이 미치지 않는 곳에서 간신히 유지되고 있었다. 그런 상황 속에서 상민(평민) 출신인 최시형은 2세 교조로서 전전히 체포를 피해가면서 그 실무를 조직력에 의해 농민층으로 점차 전국적인 비합법적인 교단조직을 쌓아 올라갔다.[27]

최시형이 2세 교조가 되어 동학의 운명을 짊어지게 된 시기는 중년에 접어드는 38세 때다. 그에게는 최제우의 억울한 죽임을 풀어주는 신원운동과 함께 나라와 백성을 구제하려는 동학의 창도정신을 구현하는 막중한 책무가 주어졌다. 또한 시급한 것은 최제우가 남기고 간 말씀과 글을 묶어 간행하는 일이었다. 쫓기는 처지에서 어느 것 하나도 쉬운 일이 아니었다. 관의 추적을 피해 산간마을에 은신하면서 포교활동을 계속했다.

기독교의 구약에서는, 모세가 40년 동안 광야를 헤

매며 가나안을 찾았다지만. 최시형은 1898년 원주에서 관군에 체포될 때까지 35년을 쫓기는 신분으로 동학을 지키고 확산하고 각종 사료를 펴냈다.

주인主人은 선생께서 돌아가신 뒤 애통하여 어디로 행할 바를 모르다가, 영덕 직천直川에 있는 강수(姜洙, 본명 강시원. 교문의 2인자격인 차도주 역임함)의 집으로 가게 되었다.

그때 강수는 마침 풍습風湿이 다 낫지 않아 초당草堂에 누워 있다가, 놀라 주인의 손을 잡고, 선생께서 당한 욕辱의 전후사를 듣고 슬피 눈물을 흘리며 애통해 했다. 강수의 처 박씨도 대성통곡을 하였다. 밤새도록 잠을 못 이루다가 새벽에 밥을 지어 밥 한 바리를 싸서 새벽에 나아가 동쪽으로 향했다. 마을의 닭들이 사방에서 울고, 마침 비가 내려 머뭇거리다, 중도에 영해寧海에 이르러, 도인의 집을 찾아 잠을 자고, 다음 날 길을 떠나 평해平海 황주일荒周一의 집에 이르렀다.

_《최선생문집도원기서》중에서[28]

은거 중 이필제의 영해봉기로 다시 수배되다

최시형은 동학에 입도한 이후까지도 아명인 '최경

상'으로 불리다가 48세 때인 1875년 10월 "도道는 때를 따르는 데 있으니 때에 따라 나가야 한다用時用活"고 하여 '시형時亨'으로 바꾸었다. 해월이란 호는 1863년 최제우로부터 '해월당海月堂'이라는 도호를 받으면서 사용한 것은 앞에서 소개한 바 있다.

스승이 순도한 뒤 최시형은 영양의 일월산 기슭 용화동 마을에 은거하며 매일 짚신 두 켤레를 삼았다. 생계를 유지하기 위한 생업이었다. 관의 추적을 피해 언제라도 피신할 수 있도록 항상 짚신 한 켤레와 밥 한 끼를 넣은 봇짐을 옆에 두어 뒷날 '최보따리'라는 별명이 붙었다.

1세 교조가 참변을 당하고 동학의 지도자들 다수가 잇따라 처형·투옥되거나 자취를 감추면서 일반 도인들은 분노에 떨었다. 그런 가운데 최시형이 용화동 마을에 은거하고 있다는 소식이 일부 도인들 사이에 전해지고, 곧이어 최제우의 부인과 아들 등 유족이 그곳에 도착하여 이웃에 자리잡게 된다. 이때부터 최시형은 최제우의 유족 돌보기를 가족보다 먼저했다. 이들도 포졸들의 눈을 피해 거처를 수시로 옮겨야 했다.

그는 자기네 식구와 함께 최제우의 가족을 모두 데리고 와서 울진의 산속으로 들어갔다. 그는 짚신도 삼고 농사도 지으면서 두 집 살림을 꾸렸다. 그는 어릴 적

부터 머슴살이로 단련된 솜씨를 보였고 타고난 근면성으로 농사일을 해냈다.[29]

최시형은 은신처가 마련되고 어느 정도 자리가 잡히자 은밀히 각지에 사람을 보내, 흩어진 도인들을 불러 모았다. 그리고 동학체제의 정비를 서둘렀다.

갑자년 이후부터 도인이라는 사람들은 혹 죽고 혹은 살아남은 사람도 있으며, 혹은 도를 버리고 서로 상통相通하지 않아, 오랫동안 발길이 끊어져, 피차간에 서로 보기를 원수 보는 것과 같이 하기도 하며 서로 왕래를 하지 않았다.

주인은 산으로 들어간 뒤, 몸은 산옹山翁이 되었고, 농사일에 극력 힘을 쓰며, 스스로 발각되고 또 노출될 위험을 없애버렸다. 그러나 이즈음 선생의 집은 그 생활의 어려움을 말로 다하기 어려웠다.

_윤석산,《초기동학의 역사》중에서[30]

이즈음 국내정세는 요동치고 있었다. 천주교 신자 수천 명이 처형되고 제너럴셔먼호 사건을 비롯 병인양요, 남연군묘 도굴 사건, 각지의 민란에 이어 예언서라는《정감록鄭鑑錄》이 나돌아 민심을 더욱 뒤흔들었다. 1868년 8월 정덕기라는 인물은 자신을 '정도령'이라 칭하며 난을 일으키려다 사형을 당했다. 1871

년 4월의 신미양요에 이어 비슷한 시기에 동학도 이
필제가 경상도 영해에서 교조신원운동(敎祖伸寃運動,
1세 교조 최제우가 처형 당한 귀, 동학교도들이 그의 죄명을 벗
기고 교조의 원을 풀어줌으로써 종교상의 자유를 얻기 위해 벌인
운동)에 나섰다.

이필제는 거사를 준비하면서 측근을 통해 그리고
나중에는 직접 최시형을 찾아와 교조신원에 함께 나서
길 간청했다. 최시형은 대단히 신중한 품성의 인물이다.

이에 주인이 그 모습을 보고, 그 말을 듣건대 범상한 사
람이 아니라 여겼다. 다만 마음에 시험할 뜻이 있어, 며칠
을 머물며 그 동정을 살펴보니, 하루에 서너 번 변하면서도
오직 한 가지로 선생님의 원통함을 이야기하니, 이런 까닭
으로 억지로 따르기는 하여도 미심쩍은 바가 있어 결정을
하지 않았다. 그래서 다시 말하기를, "천만 가지 일이 빨리
하고자 하면 실패하는 것이라. 물러나 머물면서 가을에 일
을 일으키는 것이 어떠한가?" 하니, 필제가 소리 높여 크게
말하기를, "나의 큰일을 그대가 어찌 물리쳐 멈추고자 하
는가? 다시는 번거로운 소리를 하지 말라."

_윤석산, 〈해월 최시형의 신앙운동〉 중에서[31]

최시형은 이필제가 최제우의 기일을 택해 교조신

원을 위해 영해에서 봉기하겠다는데 모른 채 하고 있을 수 없었다. 또 많은 도인들이 그와 함께하고 있다는 사실을 알고, 봉기를 묵인 또는 양해한 것으로 보인다.

이필제는 1871년 3월 10일 교조신원을 내세우며 영해에서 600여 명의 동학교도를 이끌고 봉기했다. 이른바 영해봉기寧海蜂起다. 관아를 공격하고 부사를 처형하는 등 기세를 올렸으나 뜻을 이루지 못하고, 8월에는 다시 조령에서 시도했으나 거사 직전에 체포되어 서울에서 능지처참 당했다.

이 사건으로 최시형과 동학도들은 다시 관의 극심한 추적을 받게 되었다.

설법과 교단을 정비하다

최시형은 뜻하지 않게 이필제의 영해봉기에 관여하게 되면서 다시 관의 집중적인 추적을 받게 되었다. 일월산을 떠나 강원도와 충청도의 산간마을로 옮겨다니며 피신했다. 영월·정선·단양이 이 시기에 그가 거쳐간 지역이다.

그는 강원도 정선의 접주인 유시헌劉時憲의 집에 은신하여 교단의 정비를 준비했다. 그리고 지도급 인사들의 종교적 수련이 시급함을 인식하고 각지로 연통하여 1872년 초 겨울 강수·전성문 등 지도급 인사 5명과 함께 갈래산(지금의 태백산)의 적조암에 들어가 49일 기도를 드렸다. 종교적인 수련을 통해 동학의 정신을 바로 세우고 교단을 정비하기 위해서였다. 기도를 마친 최시형은 소회를 한 편의 시문으로 지었다.

태백산중에 들어 49일의 기도 드리니

한울님께서 여덟 마리 봉황을 주어 각기 주인을 정해주셨네.

천의봉 위에 핀 눈꽃은 하늘로 이어지고

오늘 비로소 마음을 닦아 오현금을 울리는구나.

적멸궁에 들어 세상의 티끌 털어내니

뜻 있게 마치었구나, 49일 간의 기도를.

_윤석산, 《해월 최시형과 동학사상》 중에서[32]

처음 기도를 시작할 때는 5명이었는데 인근 마을에 소문이 나돌면서 신참 도인이 많이 늘었다. 기도를 마친 최시형은 마을 사랑방에 도장을 설치하고 무극대도의 요체를 강설했다.

우리는 이제부터 완전히 같은 도인이 되어 생사고락을

함께 하기로 작정하였습니다. 더구나 조난 중에 이곳에 이르러 다시 많은 도인을 얻으니 실로 감개가 깊습니다. 우리의 도는 사람을 대우하고, 물건을 다루는 데 뜻이 있습니다. 따라서 사람을 대우함에는 하늘과 같이 하여 온 세상을 기화氣化할 수 있고, 물건 하나하나를 모두 하늘처럼 정중하게 다루는 데서 대도의 이치를 깨달을 수 있습니다. 사람이 만일 이 두 가지를 버리고서 도를 구한다면 아무리 신통한 조화를 부린다 할지라도 그것은 곧 실지를 떠나 허무에 가까운 것입니다. 사람을 하늘처럼 대우하지 않고 물건을 하늘처럼 다루지 않는 사람이라면 천만 번 경전을 외운들 무슨 소용이 있겠습니까?

하느님의 조화로 이룩된 모든 물건도 그 어느 것 하나 귀하지 않은 것이 없습니다. 그러니 여러분도 쌀 한 줌, 흙 한 줌, 돌 한 개라도 소중하게 다뤄야 할 것입니다. 이것이 바로 하늘의 조화에 합하는 태도입니다. 물건을 함부로 대하여 마구 버리고 파손하는 자가 어찌 사람인들 귀하게 여기며, 하느님을 성심껏 모시겠습니까?

동덕 여러분, 우리의 주위에는 우리를 원수처럼 미워하는 무리가 가득하고, 우리 역시 전례 없는 박해를 받고 있습니다. 그렇다고 저들을 미워하지 말고, 저들의 물건을 박대하지 마십시오. 그들도 하늘을 모신 사람이요, 그들의 물건도 하느님의 조화로 생겨난 것이 아닙니까. 우리는 그들을 용서하고 어여삐 여겨 그들의 마음속에 가리워진 하느님을 키우도록 일깨워주어야 합니다. 이것이 우리 선사께서 깨달으신 천도의 진리랍니다. 우리가 그분의 가르침을 따르고 지켜 꾸준히 하느님을 모시면 언젠가는 반드시 오만 년의 후천개벽이 올 것입니다.

_최동희,《민중의 메시아 해월 최시형》중에서[33]

동학교단의 재정비 작업은 쉽지 않았다. 1세 교조 최제우가 참형당할 때 체포된 인사 중 박명여朴明汝와 성명 미상의 박씨가 옥사를 하였고, 백사길·강원보·이내겸·최병철·이경화·성일구·박상빈 형제·박명중 숙질·성명 미상의 정丁생 등이 유배되었다. 이들은 당시 동학의 지도급 인사들이었다.

여기에 이필제의 거사로 많은 동학인이 처형당하거나 투옥되면서 교단은 산산조각이 나고, 그나마 목숨을 건진 인사들은 뿔뿔이 흩어져 연락이 쉽지 않았다.

최시형은 경전 발간을 돌파구로 삼고자 했다. 그렇지 않아도 항상 스승의 말씀을 새기며 더 늦기 전에 각종 설법내용을 간행하고자 했다.

해월신사는 이를 보다 분명하게 확정하기 위하여 '도적道跡' 및 '경전經典'을 대대적으로 판각板刻하여 간행하고자 결행을 한 것이라고 판단된다. 그러므로 명실공히 '도적과 경전' 그리고 '수행' '의례' 등을 확정하고 또 정례화하므로 교단의 면모를 다져나갔으며, 이와 같은 일을 통하여 스승인 대신사의 가르침을 바르게 세상에 전할 수 있는 길을 마련하고, 나아가 교단으로서의 체제와 조직을 강화시켜나가고자 노력을 했던 것으로 생각된다.

_윤석산, 〈해월신사 생애와 리더십〉 중에서[34]

《동경대전》 간행의 의미

모든 종교에는 경전이 있다. 원래는 성인·현인이 지은 책이나 글 또는 불교의 교리를 적은 책을 일컫고, 유교의 교리를 지은 책을 경권經券이라고 한다. 기독교에서는 성경이라 부른다.

대원군이 최제우를 처형할 때 조정은 그가 남긴 설법집을 비롯하여 많은 자료를 압수하여 불태웠다. 더 늦기 전에 남은 자료를 모으고 생존한 측근들의 기억을 되살려 기록하는 일이 최시형의 과제였다. 뒷날 "동학 교리의 체계화, 동학 조직의 재건과 지역적 기반의 확대, 경전의 집성, 제도와 의식의 확립, 정기적 수련 제도의 실시를 통한 지도자의 양성"[35] 등이 그의 업적으로 평가 받는다.

여기서는 '동학교리의 집성'과 '경전의 집성'에 대해 살펴본다. 이필제의 영해봉기 이후 다시 관의 추적이 강화되자 최시형은 더 깊은 산골 마을로 숨어들었다.

그는 이어 제자 강수만을 데리고 태백산으로 들어갔다. 그는 동굴 속에 살면서 14일을 나뭇잎으로 연명했다. 어느 날 나무꾼의 도시락을 얻어먹었고 계속 나무꾼의 도움을 받아 목숨을 이었다. 이때 그의 맏아들은 잡혀가 장사杖死되었고 얼마 뒤에는 그의 부인과 작은아들마저 모진 고초를 겪은 끝에 병사했다. 그의 혈통이 끊어짐은 물론, 혈혈단신의 신세가 되었다. 그러나 지하에서의 포덕은 결코 그치지 않았다.

_이이화,《인물 한국사》중에서[36]

그는 포교와 함께 동학의 경전 간행을 위해 심혈을 기울였다. 동학 내부에는 그가 이미 1865년에 "구송口誦을 통해 제자들로 하여금 스승의 가르침의 글들을 받아쓰게 하였지만, 이때 받아 쓴 글들은 필사로 된 것에 불과하다. 따라서 최시형은 이를 보다 분명하게 확정하기 위하여 '도적' 및 '경전'을 대대적으로 판각하여 간행하고자"[37] 했다.

조선조 말 내우외환에 시달리고 도탄에 빠진 민중에게 한가닥 기댈 언덕이 되고, 이어서 민중을 일깨워 반봉건·척왜척양의 근대민중혁명의 주역이 되고, 다시 3·1혁명의 중심이 된 동학의 대표적인 경전은 최제우가 짓고 최시형이 간행한《동경대전東經大全》이다.

동학관계 사서에는 이외에《용담유사》와 최제우의 출생에서 득도와 순도, 그리고 최시형이《동경대전》을 간행한 1880년까지의 동학역사를 담은《최선생문집도원기서崔先生文集道源記書》등이 있다.

최시형은 1879년 강원도 인제군 남면 갑둔리 김현수의 집에 경전 간행소를 설치하고 동학의 경전 간행을 시작한 지 1년여 만인 1880년(경진년) 6월 14일《동경대전》을 발간했다.

이때 부쳐진 표제表題가 무엇인지는 알 수가 없다. 아직 경진판(庚辰板, 1880년 경진년에 발간한《동경대전》최초의 판본)이 발견이 되지를 않았기 때문이다. 다만 《도원기서》의 기록에 "아, 아 선생의 문집文集 침재鋟梓를 경영한 지…." 등의 기록으로 보아, 최제우의 글들이 아직 동학교단에서 '경전'이라는 인식보다는 '문집'으로서의 인식이 앞섰던 것이 아닌가 생각이 든다.[38]

최시형과 일부 동학도인들은 당초 스승의 글을 묶어《최선생문집》으로 간행했다. 얼마 뒤 재간하면서 '문집'

대신 '동경대전'이란 이름으로 바꿔 출간한 것이다. 1세 교조 최제우의 글을 '성인이 지은 글'로 격상하여 '경전'이라 한 것은, 당시 일반 도인들의 뜻을 담은 것으로 풀이된다.《동경대전》을 간행한 다음 날 최시형은 봉고식奉告式을 갖고 간행의 의미와 과정을 이렇게 설명한다.

아아, 선생의 문집文集 침재鋟梓를 경영한 지 한 해가 지나 이미 오래구나! 지금 경진년庚辰年에 나와 강수·전시황 및 사람들이 장차 간판刊板을 경영하려고 발론發論을 하니, 각 접중接中이 다행히도 나의 의논과 같아 각소刻所를 인제 갑둔리甲遁里에 정하게 되었다. 준공하는 일이 뜻과 같아 비로소 편篇을 이루니, 이로써 선생님의 도道와 덕德을 밝히게 되었다. 이 어찌 기쁜 일이 아니겠는가? 각 접중에서 정성스러운 힘과 비용으로 쓸 재물을 낸 사람은 특별히 별록別錄에 그 공을 논하여 차례로 기록하여 쓴다. 경진년 중하仲夏 도주道主 최시형崔時亨이 삼가 기록하노라.

_윤석산,《초기동학의 역사》중에서[39]

최제우의 글 모은《동경대전》

동학의 수난기에 최시형의 주도로 간행된《동경대

전》은 동학을 창도한 최제우의 글을 모은 일종의 문집이다. '동경'이란 동학의 경전, '대전'이란 동학의 경전을 다 모은 큰 책이란 의미다.

어떤 글이 실렸을까? 주요 내용은 〈포덕문〉〈논학문〉〈수덕문〉〈불연기연〉〈축문〉〈주문〉〈입춘시〉〈절구〉〈강시〉〈좌잠〉〈화결시〉〈탄도유심급〉〈결〉〈우음〉〈팔절〉〈우〉〈제서〉〈영소〉〈필법〉〈유고음〉〈우움〉〈통분〉〈통유〉〈의식〉〈발문〉〈간기〉 등이다.

최초의 판본인 《동경대전》 이른바 경진년판은 아직까지 발견되지 않고, 최시형이 1883년 2월 충청도 목천군 구내리 김은경의 집에 경전간행소를 설치하고 1천 부를 간행하였으나 이 판본도 현전하지 않는다. 같은 해 경주에서 목활자본으로 간행한 경주간판이 가장 오래된 판본이다. 서울시 지방문화재 나 1-20099로 지정되었다.

《동경대전》의 핵심은 〈포덕문〉과 〈수덕문〉 그리고 〈논학문〉이다. 포덕이란 '동학의 출현'을 의미하며, '하느님의 큰 덕을 일반에 널리 알린다'는 뜻이다. 다음과 같이 시작된다. "대개 상고 이래로 봄·가을이 바뀌고 사시의 성하고 쇠함이 옮겨지지도 않고, 바뀌지도 않으니 이는 역시 하느님·조화의 자취가 천하에 소연한 것이다."

〈논학문〉은 동학의 본질을 밝히는 글이다. 여러 가지 질문을 하고 최제우가 직접 답하는 형식이다. 현대문으로 정리된 질문을 살펴본다.

1. 천령이 강림하였다는데 어찌하여 그렇게 되었습니까?

2. 도의 이름을 무엇이라 합니까?

3. 양도洋道 서도西道와 다름이 없습니까?

4. 양도와 다른 것은 어찌하여 그렀습니까?

5. 도가 같다고 말씀하신다면 그 이름을 서학이라 합니까?

6. 주문의 뜻은 무엇입니까?

7. 천심이 인심과 같다면 어찌하여 사람의 마음에 선악이 있습니까?

8. 온 세상 사람들이 어찌하여 하느님을 공경하지 않습니까?

9. 도를 훼방하는 사람은 무슨 까닭입니까?

10. 도를 훼방하는 자 있을 수 있다고 하시는데 어찌하여 있을 수 있습니까?

11. 중도에 (도를 버리고) 다른 데로 가는 사람은 무엇 때문입니까?

12. (중도에서 돌아가는 사람은) 어찌하여 족히 거론할 것

이 못된다고 하십니까?

13. 입도할 때의 마음은 무엇이고 돌아설 때의 마음은 무엇입니까?

14. 어찌하여 (저들에도) 강령이 됩니까?

15. 이런 사람은 해도 덕도 없습니까.

_정재호, 〈동학경전과 동학가사연구〉 중에서[40]

〈수덕문〉은 도인들이 도를 닦는 방법을 설명한다. 인의예지와 수심정기를 가슴에 안고 닦아야 할 항목을 차례로 제시한다.

1. 한번 제를 올리는 것은 길이 모시겠다는 중한 맹세다.

2. 모든 의혹을 깨치는 것은 정성을 지키는 때문이다.

3. 의관을 정제하는 것은 군자의 행실이다.

4. 길에서 먹고 뒷짐지는 것은 (천부)의 할 짓이다.

5. 도를 믿는 집에서 먹지 않는 것은 네 발 달린 나쁜 고기다.

6. 따뜻한 몸을 해치는 것은 찬 샘물에 급히 앉는 것이다.

7. 유부녀의 방색은 국법으로 금하는 것이다.

8. 누워서 큰 소리로 주문을 외는 것은 도에 정성을 드리는 데 크게 게으른 것이다.

_위의 책[41]

《동경대전》에는 최제우가 남긴 많은 시문도 실렸다. 임의적으로 몇 수를 뽑았다.

평생에 천년의 운을 받았으니
성스러운 우리집은 백세의 업을 잇겠네.

_〈절구〉 중에서

운이여 운이여 얻었는가 못 얻었는가
때여 때여 깨달은 이로다.

_〈화결시〉 중에서

천하에 큰 운이 이도에 돌아오니
그 근원이 극히 깊고 그 이치가 아득하도다.

_〈탄도유심급〉 중에서

우리 도는 넓으면서도 간략하니
많은 말뜻을 쓸 것 없도다
별다른 도리도 없고

성·경·신의 석자뿐이다.

_〈좌잠〉 중에서

한가로이 떠가며 젓는 노에

물결은 일지 않고 백사장은 십여 리일세

떠돌며 한가로이 이야기함이여

등산에는 달이 오르고 북쪽바람이 부는구나.

_〈화결시〉 중에서

태산의 높고 높음이여

공자께서 오른 것은 어느 때인가

맑은 바람이 천천히 불어옴이여

도연명은 지난날의 잘못됨을 깨달았도다

맑은 강의 넓고 넓음이여

소동파가 손님과 함께하는 적벽의 풍류로다

연못의 깊고 깊음이여

주렴계가 즐기는 바로다.

_〈화결시〉 중에서

방방곡곡으로 다 돌아다니니

물과 산을 다 알겠네.

_〈명소〉 중에서

교단을 정비하고 교세를 확장하다

'접接'과 '육임제' 실시

　《동경대전》과 《용담유사》를 간행하여 동학의 종
교적·이념적 기틀을 마련한 최시형은 본격적으로 교단
정비와 조직확대에 나섰다. 그동안 충청·경기·강원의
산간 지역을 다니며 포교하여 많은 도인이 확보되고,
세월이 지나면서 그동안 흩어졌던 도인들도 각기 활동
을 재개하여 모처럼 활력이 넘쳤다. '동학경전'이 은밀
히 배포되면서 뜻 있는 백성 중에 동학에 참여한 사람
도 적지 않았다.

　도인이 늘어나면서 조직 정비와 관리가 시급해졌다.

1878년 7월에는 '교난' 이래 중단되었던 개접제開接制를 다시 실시했다. 개접이란 각지의 도인이 일정한 기간을 정해 집회하고 그 기간 내에 동학교리 등 진리를 연구하고 기간이 끝나면 접接을 파하는 제도이다. 차츰 조직이 확대되면서 '접주'는 면이나 읍 단위의 책임자를 일컫게 되었다.

최시형은 도인 유시헌의 집에 접소接所를 설치하고 각 접주를 임명하였다. 그리고 개접의 의미를 설명한다.

오도에서 개접이라 함은 결코 유가의 식과 달리 시부 등 문자로써 토론하는 것이 아니고 오직 도를 연구하며 수련함에 있는 것이다.

제군은 시侍 자의 뜻을 아는가, 사람이 포태될 때 시자의 의가 되는가, 세상에 태어난 후 처음으로 시천추가 되는가, 입도의 날 시자의 뜻이 생기는가.

일반 치제할 때 위를 설하되 벽을 향해서 설치하는 것이 옳은가, 나를 향하여 설치하는 것이 옳은가.

사람의 행동을 마음으로써 하는 것이 옳은가, 기氣로써 하는 것이 옳은가, 마음이 기를 부리는가, 기가 마음을 부리는가, 제군은 그 뜻을 연구하라.

수운 선생의 주문 삼칠三七·三十一자는 만물화생의 근본을 말한 것이고 수심정기守心正氣 는 천지간 궁극적인 기를 보탠 것이고, 무위이화無爲而化는 만물성도의 이치를 가르침이다. 그럼으로써 도는 높고 멀어 행하기 어려운 곳에 있는 것이 아니고 37자로써 만물 화생의 근본을 알고 수심정기로써 천지태화의 원기를 접하고 무위이화로써 만물성도의 이치를 깨닫고보면 도는 가히 가까워질 것이다. 그러므로 오도의 대운은 무한정한 운으로 수운 선생은 후천개벽의 처음임을 이르는 것이다.

　　도를 닦는 자는 신천(입교 전)의 탁기를 버리고 후천(입교 후)의 숙기淑氣를 기르면 은은한 총명이 자연 중에서 화출하는 것이다.

_오지영,《동학사》중에서[42]

　　1884년 10월에는 교단의 직제인 육임제六任制를 마련했다. 육임의 기능은 다음과 같다.

　　① 교장(敎長, 자질이 알차고 인망이 두터운 사람)

　　② 교수(敎授, 성심으로 수도하여 가히 교리를 전할 수 있는 사람)

　　③ 도집(都執, 위풍이 있고 기강이 밝으며 시비선악의 한계를 아는 사람)

　　④ 집강(執綱, 시비를 밝히고 기강을 바로 잡을 수 있는 사람)

　　⑤ 대정(大正, 공평성을 갖고 부지런하고 중후한 사람)

　　⑥ 중정(中正, 바른 말을 능히 할 수 있는 강직한 사람)

동학의 이러한 활동은 정세의 변화가 있었기에 가능했다. 1882년 6월 임오군란壬午軍亂이 일어나고 7월에는 대원군이 청나라 군대에 납치되었으며, 같은 달 제물포조약이 맺어졌다. 하나같이 나라의 진운에 크게 영향을 미치는 사건이었다. 이로 인해 조정에서는 최시형의 추적이 느슨해지고, 지방의 탐관들은 그들대로 어수선한 틈에 한 몫씩 챙기느라 관심이 줄었다.

이미 최제우에 의해서 교조의 지위를 이어받은 최시형은 은밀히 교세의 만회를 꾀하여 드디어 이를 확장시키는 데 성공했다. 실제로 고종이 즉위하여 대원군이 섭정하게 되면서 양반·토호에 대한 탄압, 서원의 철폐, 서학西學에 대한 박해, 그리고 외세 배격 등으로 빚어진 일련의 사회적 추세는 도리어 동학의 교세를 확장시키는 데 보다 더 유리한 풍토를 마련해준 것이나 다름이 없었다.

그리고 대원군의 뒤를 이은 민씨 외척의 세도 정권이 개항에 뒤이어 군란과 정변을 겪어야 했던 화난 속에서, 동학의 2세 교조 최시형은 동요와 불안으로 해매고 있는 민중 속에 동학의 교세를 넓혀갈 수 있었다.[43]

접주가 된 백범 김구

　19세기 말 조선 사회는 여러 분야에서 붕괴의 위기에 내몰리고 있었다. 대표적인 사례 하나는 관리의 충원 과정인 과거제가 수구기득권층 자제들의 '입도선매'로 독점된 것이다. 몰락한 양반이나 평민들에게 유일한 출세의 사다리인 과거가 특정계층이 독점하면서 조선왕조는 백성들은 물론 지식층으로부터 극심한 이반현상을 불러왔다.

　이 시기 과거에서 낙방한 백범 김구가 알게 된 동학에 대한 인식, 황해도에서 충청도까지 최시형을 찾아가 입도하는 과정, 그리고 그가 지켜보았던 최시형의 인상 등을 통해 재건기의 동학의 실정을 알아본다.

　김구는 18세 때인 1893년 해주에서 오응선에게 동학의 소식을 들었다.

　상놈된 한이 골수에 사무친 나로서는 동학의 평등주의가 더할 수 없이 고마웠고 또 이씨의 운수가 진하였으니 새 나라를 세운다는 말도 해주의 과거에서 본 바와 같이 정치의 부패함에 실망한 나에게는 적절하게 들리지 아니할 수가 없었다.

_김구,《김구 자서전 백범일지》중에서[44]

김구는 동학의 평등주의사상에 마음이 쏠려 입도하고 이어서 아버지도 도인이 되었다. 그는 열심히 공부하고 포교에 힘을 썼다.

내 명성이 황해도 일대뿐이 아니라 멀리 평안남도에까지 헌자하여서 당년에 내 밑에 연비가 무려 수천에 달하였다. 당시 황평 양서 동학당 중에서 내가 나이가 어린 사람으로서 많은 연비를 가졌다하여 나를 아기접주라고 별명지었다. 접주라는 것은 한 접의 수령이란 말로서 위에서 내리는 직함이다.

_위의 책[45]

'아기접주'의 소문이 본부에까지 전해지고 이듬해 최시형은 황해도 지역 도인들을 불렀다.

이듬해인 계사년 가을에 해월 대도주로부터 오응선, 최유현 등에게 각기 연비의 성명단자(명부)를 보고하라는 경통(敬通이라고 쓰니 공함이라는 뜻이다)이 왔으므로 황해도 내에서 직접 대도주를 찾아갈 인망 높은 도유道儒 열 다섯 명을 뽑을 때에 나도 하나로 뽑혔다. 편발로는 불편하다 하여 성관하고 떠나게 되었다. 연비들이 내 노자를 모아내고 또 도주님께 올릴 예물로는 해주 향목도 특제로 맞추어 가지

고 육로 수로를 거쳐서 충청도 보은군 장안長安이라는 해
월 선생 계신 데 다다랐다. 동네에 쑥 들어서니 이 집에서
도 저 집에서도 '지기금지원위대강至氣今至願爲大降 시천
주조화정始天主造化定 영세불망만사지永世不忘万事知' 하는
주문을 외우는 소리가 들리고 또 일변으로는 해월 대도주
를 찾아서 오는 무리, 일변으로는 뵈옵고 가는 무리가 연락
부절하고 집이란 집은 어디나 사람으로 꼭꼭 찼었다.

_위의 책[46]

　　김구의 이 기록으로 미루어보아 당시 최시형은 충
청도 보은으로 옮겨 본격적인 포교활동을 펴고 있었음
을 알게 된다. 다음은 그의 일행이 최시형을 만나는 장
면이다.

　　우리 일행 열다섯은 인도자를 따라서 해월 선생의 처소
에 이르러 선생 앞에 한꺼번에 절을 드리니 선생은 앉으신
채로 상체를 굽히고 두 손을 방바닥에 짚어 답배를 하시고
먼 길에 수고로이 왔다고 간단히 위로하는 말씀을 하셨다.
우리는 가지고 온 예물과 도인의 명단을 드리니 선생은 맡
은 소임을 부르셔서 처리하라고 명하셨다.
　　우리가 불원천리하고 온 뜻은 선생의 선풍도골도 뵈오
려니와 선생께 무슨 신통한 조화줌치나 받을까 함이었으나

그런 것은 없었다. 선생은 연기가 육십은 되어 보이는데 구레나룻이 보기 좋게 났는데 약간 검은 터럭이 보이고 얼굴은 여위었으나 맑은 맵시다. 큰 검은 갓을 쓰시고 동저고리 바람으로 일을 보고 계셨다.

방문 앞에 놓인 수철화로에 약탕관이 김이 나고 끓고 있는데 독삼탕 냄새가 났다. 선생이 잡수시는 것이라고 한다.

방 내외에는 여러 제자들이 옹위하고 있다. 그중에도 가장 친근하게 모시는 이는 손응구孫応九, 김연국金演局, 박인호朴寅浩 같은 이들인데 손응구는 장차 해월 선생의 후계자로 대도주가 될 의암 손병희로서 깨끗한 청년이었고, 김연국은 연기가 사십은 되어 보이는데 순실한 농부와 같았다. 이 두 사람은 다 해월 선생의 사위라고 들었다. 손씨는 유식해 보이고 '천을천수天乙天水'라고 쓴 부적을 보건대 글씨 재주도 있는 모양이었다.

_위의 책[47]

김구와 황해도 동학 일행은 각각 접주의 첩지를 받고 귀향한다. 첩지에는 '해월인海月印'이라고 전자로 새긴 인이 찍혀 있었다고 김구는 회고했다.

《용담유사》 간행하다

《동경대전》을 간행하고 교단의 조직을 정비한 최시형은 스승 최제우가 일반 백성과 여성들에게 동학사상을 빨리 쉽게 전하기 위해 한글가사체로 지은 《용담유사》를 펴내기로 했다.

1881년 6월 충북 단양군 남면 천동리 여군덕의 집에 간행소를 차리고 목판본으로 간행했는데, 이때 내용 중 〈검결劍訣〉은 삭제되었다. 고종 정부가 최제우를 처형할 때 바로 이 부분도 반역의 이유로 들었기 때문일 것이다.

〈검결〉은 1861년에 지은 것으로 일명 '칼노래'로 불린다. 남원의 은자암에서 수도를 할 때 득도의 기쁨으로 이 검결을 짓고 목검木劍을 들고 춤을 추었다고 한다. "용천검 드는 칼을 아니 쓰고 무엇하랴. 무수장삼 떨쳐입고 이 칼 저 칼 넌줏들어, 호호방방 넓은 천리 일신으로 비켜서서 칼 노래 한 곡조를 시호시호 불러내니…"로 이어진다. 이 가사는 갑오년 동학혁명 당시 동학군의 군가로 애창되기도 했다. 다음은 《용담유사》의 주요 내용이다.

① 용담가龍潭歌는 최제우가 득도한 바로 그 해에

지은 가사다. 전체가 4장으로 144수로 되어 있다. 용담가는 자신이 태어나 자라고 득도하였던 경주 구미산 용담의 아름다움과 득도의 기쁨을 노래한 가사다.

② 안심가安心歌는 최제우가 득도한 해인 1860년에 발표한 가사다. 사회적으로나 정치적으로 불안하고 천대받던 여성들을 현숙하고 거룩하다고 떠받들면서 춘삼월 호시절에 태평가를 함께 부를 주체로 설정하고 여성들을 안심시키는 내용이다. 또한 왜적에 대한 적개심을 토로하면서 수운 자신이 곧 왜적을 물리치고 우리나라를 지킬 것이니, 사람들은 안심하라는 대목도 있다.

③ 교훈가教訓歌는 최제우가 득도한 다음해인 1861년에 지은 장편가사다. 자질子姪들에게 내리는 형식으로 된 이 가사는 교도들에게 힘써 수도할 것을 당부하면서 사람은 누구나 하느님을 이미 모시고 있으므로 하늘 조화의 그 참된 마음을 고이 간직하고 믿는 데서 창조의 바른 기운을 되살릴 수 있다고 했다.

④ 몽중노소문답가夢中老少問答歌, 이 가사는 1861년에 지은 것으로 최제우의 출생, 성장, 득도과정, 득도내용 등을 설명하고, 꿈속에서 노소老少가 문답하는 형식을 통해서 조선왕조의 멸망과 새로운 동학의 탄생을 상징적으로 표현하고 있다.

⑤ 도수사道修詞, 최제우가 득도한 뒤 고향에서 여

러 제자들을 가르치다가 어쩔 수 없이 고향을 떠나면서 제자들에게 수도하기를 간곡히 당부한 글이다. 제자들에게 자신이 가르친 연원도통淵源道統을 지키면서 성誠과 경敬으로 도를 닦기를 당부하고 있다.

⑥ 권학가勸學歌. 최제우가 전북 남원읍 은적암에서 1862년 새해를 맞으면서 각지에 있는 제자들에 대한 정회情懷를 가눌 길 없어 지은 가사다. 수운 자신이 자각창도한 동학을 믿음으로써 다같이 동귀일체할 것을 권유한 노래로서 어질고 뜻있는 사람 만나거든 시운시변時運時變 의논하여 백년신세百年身勢 말하거든 이 가사를 주고 결의해서 가르침을 존중하도록 하라는 내용이다.

⑦ 도덕가道德歌. 1863년 7월 경주 현곡면 등지에서 순회 설법하면서 지은 가사로 지벌과 문벌보다 도덕의 귀중함을 강조한 노래다.

⑧ 홍비가興比歌. 1863년에 지은 가사로 《시경》의 노래체인 홍(興, 목적한 바를 끄집어내어) 비(比, 비슷한 다른 사물 등과 비교하는 것)를 사용하여 도를 닦는 법을 가르친 노래로서 도를 닦는 일은 결코 먼 곳에 있는 것이 아니라 일상적인 일부터 요령 있게 행하는 데서 깨달을 수 있다고 했다.

교조 최제우의 억울한 죽음을 위해

교조신원운동에 나서다

최시형을 비롯하여 후계자와 신도들의 바람과 소망
은 1세 교조 최제우의 억울한 죽임에 대한 신원(伸寃, 가
슴에 맺힌 원한을 풀어버림)과 동학의 공인이었다. 고종 정
부는 한때 오가작통법(五家作統法, 조선시대에 다섯 집을 1통
으로 묶은 호적의 보조 조직)까지 동원하여 천주교 신자들
을 탄압하다가 1886년 5월 3일을 기해 기독교와 천주교
의 선교사업을 공식적으로 허용했다.

그러나 동학에 대해서는 여전히 금압정책을 폈으나
최시형의 적극적인 포교활동으로 교세는 강원·충청·경

기·황해 지역으로 확산되고, 접주의 주도 아래 탄탄한 조직이 갖춰졌다.

한국 사회는 고대부터 억울한 죽음으로 귀천을 하지 못한 혼령의 한을 풀어주는 일은 살아남은 이들의 과제였다. 죽은 자의 넋을 씻김으로써 그 넋이 저승으로 갈 수 있도록 하는 무속의 씻김굿이나, 증산교의 해원사상解寃思想은 원한을 풀어줌으로써 혼령이 하늘나라에 이르게 한다는 염원이었다.

최시형은 1890년과 1891년 동학의 근간조직을 확고히 하는 한편 교세를 더욱 확장하기 위하여 손병희를 비롯하여 그의 동생 손병흠 등 제자들과 함께 충청도 충주·공주와 강원도, 양구·간성·인제, 다시 충청도 태안, 전라도 부안·전주 등 3도를 순방하면서 도인들의 사기를 진작시켰다. 가는 곳마다 도인들은 물론 일반 백성들이 찾아와 속속 입도함으로써 교세가 크게 신장되었다.

1892년 7월 동학의 리더급이던 서인주·서병학이 경북 상주 공성면 왕실旺實에 머물던 최시형을 찾아와 교조신원의 시급성을 주장했다. 최시형 자신도 무엇보다 더 간절한 소원이지만 '아직은 때가 아니며, 일이 순조롭게 되기 어렵다'며 이들을 설득했다.

최시형도 그 방법밖에 없다는 것을 잘 알고 있었다.

그러나 추수기를 앞두고 일을 벌이는 것은 농사를 망치는 일이 되므로 가을에 가서 기회를 보자는 뜻에서 시기가 아니라고 했던 것이다. "일이 순조롭게 되기 어렵다"는 말은 이런 뜻이다. 그는 10월 중순께 지도자급을 불러서 교조신원운동을 협의했다. 1차는 공주에서 충청감사를 상대로 하고 2차는 삼례에서 전라감사를 상대하기로 했다.

우선 충북 청주 솔뫼松山 손천민 접주 집에 운동을 전개하기 위한 도소都所를 설치하고 준비에 들어갔다. 당시 도차주 강수와 손병희·김연국·손천민·임규호·서인주·서병학·황하일·조재벽·장세원 등이 최시형을 도와 활동했다.[48]

최시형은 〈교조신원입의문敎祖伸寃立義文〉을 지어 접·포를 통해 각지의 도인들에게 보낸다.

우리 스승의 조난遭難이 이제 30년에 이른지라. 그 문도된 자들은 마땅히 성력誠力을 다함으로써 빨리 신설伸雪할 방법을 도모할 것이어늘 다만 구경만 하고 두려워하기만 하며 서로 거짓말만 하여 오로지 스승을 높이고 도를 모시는 의義에 어두워 망녕되게 조화造化가 장차 이를 것만 믿으니 진실로 슬픈 일이로다.

_오지영, 《동학사》 중에서[49]

교조신원운동은 동학이 이제까지의 종교의 차원에서 '시대와 짝하여 나간다'는 뜻의 용시용활用時用活의 역사화·사회변혁운동으로 전환되는 계기가 되었다. 서인주·서병학 등이 충청관찰사 조병식과 전라관찰사 이경직에게 〈입의문〉을 보내는 한편 도인들에게 격문을 통해 11월 11일 삼례역에 모일 것을 공시했다.

전국 각지에서 민란이 거듭되는 시기에 동학교단은 가장 온건한 방법을 택한 것이다. 하지만 나비의 작은 날갯짓이 거대한 태풍의 눈동자로 변할 것을 내다보는 사람은 아무도 없었다.

이 운동이 굳이 1892년(임진년)이었다는 것은 흥미 있는 일이다. 이에 대해서는 두 가지의 가능성을 생각할 수 있다. 첫째는 이 무렵 포교의 자유가 완전히 허락된 가톨릭과 개신교의 종교 활동에서 영향을 받은 것으로 볼 수 있고, 다른 하나는 바로 이 해는 《정감록》에서 서남쪽湖西으로부터 대변혁이 있으리라고 예언했다는 점을 들 수 있다.[50]

동학의 거대한 민중집회 열리다

1892년 11월 1일, 충청도 삼례에서 거대한 민중집회가 열렸다. 최시형의 뜻에 따라 가을걷이가 끝난 뒤의 집회여서 인근의 동학도는 물론 전국 각지의 책임자들이 모이고 일반 백성들도 참여하여 수천 명에서 1만여 명이 모인 것으로 역사는 기록한다.

혹세무민惑世誣民의 죄목으로 처형 당한 1세 교조 최제우의 죄명을 벗기고 원한을 풀어줌으로써 포교의 자유를 얻고자 하는 도인들과 왕조체제에서 억울하게 수탈당하며 살아온 백성들이 자진해서 참여한 것이다.

최시형은 교조의 신원을 통해 동학의 합법성을 쟁취하고, 만인평등·시천주의 세상을 만들기 위해 삼례 집회에 무척 공을 들였다. 삼례 집회는 손천민을 상소 대표자로 삼아 충청도 관찰사 조병식과 전라도 관찰사 이경직에게 두 가지를 청원했다.

하나는 유교는 공자의 유학이 아닌 종교로 인정하고, 탄압이 심하던 천주교, 야소교(예수교)도 인정하면서 왜 동학만 배격탄압하는가, 둘째는 서리와 포졸들이 선량한 도인들을 탄압·살상하는 비인도성을 규탄하는 내용이었다.

그리고 교조의 신원과 교단의 자유를 거듭 요구했다. 조병식과 이경직은 동학의 공인은 정부가 결정할 일이나 부당한 탄압은 없애겠다고 약속했다. 지도부는 이 약속을 믿고 평화적으로 군중을 해산시켰다.

삼례 집회는 정부가 교조신원을 받아들이지 않고 일부 선비·유생들이 '이단'으로 몰아치는 상소가 잇따랐지만, 이제껏 지하에 묻혀 있던 동학 자체로서는 큰 성과를 거둔 행사였다.

단순한 신원이라는 측면에서만 본다면 삼례의 모임은 아무런 결실을 얻지 못했다고 볼 수도 있다. 그러나 이것은 성패에 관계없이 하나의 중요한 의미를 갖는다. 그것은 다름이 아니라 이를 계기로 동학운동사상 최초의 정치 집회를 가능케 했다는 사실이다. 종교는 대중의 정치집단화에 중요한 역할을 하는 경우가 흔히 있는데 삼례의 신원운동은 동학의 그와 같은 정치집단화 과정의 서막에 해당된다는 점에서 중요한 의미를 갖는다.[51]

동학 내부에는 낡은 봉건체제를 타파하고 후천개벽을 이루기 위해서는 많은 사람을 동원해서라도 창도정신을 실천해야 한다는 급진파와, 평화적인 방법을 통해 먼저 교조신원을 관철하고 합법적인 신앙생활부터 보장받아야 한다는 비폭력 온건파로 갈렸다.

전자는 서인주·서병학의 계열이고 후자는 최시형을 비롯하여 김연국·손천민 등이다. 최시형은 우선 교단의 전통을 보전하면서 힘을 길러 때를 기다려야 한다는 입장이었다. 그런데 여전히 동학을 무시한 채 이단시하는 정부의 태도에서 점차 생각이 바뀌었다.

최시형과 동학지도부는 1893년 2월 서울 광화문에서 대규모 집회를 통해 교조신원을 직접 정부에 건의하는 복합상소를 하기로 결정했다. 정부가 이 무렵 왕세자 탄신일을 맞아 별시別試를 치르도록 하여 전국에서 많은 선비들이 상경할 것에 착안한 것이다. 동학간부들도 과거를 보러 가는 선비처럼 차림하고 서울로 오도록 했다.

상경한 동학교도 수천 명은 서울 인근에 머물고 지도부 50여 명이 2월 11일 오전부터 광화문 차가운 길바닥에 엎드려 상소문을 임금에게 올리기로 했다. 이날 최시형은 건강이 좋지 않아 참석하지 못했다. 상소문의 요지는 다음과 같다.

오도(吾道, 유학의 도)는 동에서 받아 동에서 펴는지라. 어찌 가히 서로써 이름 하리오. 하니 이가 동학으로써 득명得名한 바요 신등(臣等, 신하 자신을 지칭함)이 종사한 바니 두렵건대 동학을 가리켜 서학으로써 공격하지 말고, 동포를 몰아 이단으로 배격하지 않는 것이 가하거늘 도신수재(道臣守宰, 임금을 속이는 관료)는 민초 보기를 초개와 같이 하고 향간토호는 도인 대하기를 화천貨泉과 같이 하여… 이 도는… 과시(果是, 정말로) 만세에 무폐無弊하고 천하에 무극

(无極, 끝없는)의 잘못에 범함이니 엎드려 바라건대 천지 부
모는 화육중化育中 적자(赤子, 백성)를 극휼亟恤하여 선사先
師의 지원至冤을 풀게 하며 신등 사명死命을 건져주소서.

_오지영,《동학사》중에서[52]

　　최시형의 뜻에 따라 손병희와 박광호·순천민·박인
호 등이 대표가 되어 올린 상소는 지극히 온건한 내용
이고 방법도 관행처럼 돼 있는 복합상소인데도 조정은
여전히 이단시하고 배척했다. 3일째 되는 날 오후에 왕
실의 관리가 나타나 고종의 전교를 전했다. "너희들은
집으로 돌아가 그 업에 임하라. 그러면 소원에 따라 베
풀어주리라"는 말 한 마디뿐이었다.

　　교도들이 이를 믿고 해산했지만 조정은 약속과는
달리 동학을 더욱 거세게 탄압했다. 상경했던 교도들은
귀가할 수가 없었다. 관헌들이 체포하기 위해 대기하고
있었기 때문이다. 조정은 끝내 동학을 인정하지 않았다.

'척왜척양'의 역사인식

　'호미로 막을 일을 가래로도 못 막는다'는 말이 있
다. 우매함을 나무라는 뜻이다. 정부가 1886년 천주교

와 기독교를 공인한 이후 1887년 4월 아펜젤러가 서울에 정동교회(감리교)를 설립하고, 9월에는 언더우드가 최초의 조직 교회인 새문안교회(장로교)를 설립했다.

외래 종교는 허용하면서 동학은 끝내 허용하지 않았다. 민중의 사무치는 한을 외면한 것이다. 복합상소 후 탄압이 더욱 심해지자 평소 온건한 성품으로 동학을 종교의 영역으로 여기고 정신적으로 사회개혁을 이루고자 했던 최시형과 간부들은 방향을 바꾸었다.

최시형은 1893년 3월 10일 충북 옥천 창성면 거포리에 있는 김연국의 집에서 수운 순도기념 제례를 지내면서 거사를 준비하기로 한다.

막하의 손병희·김연국·이관영·권재조·권병덕·임정훈·이원필·조재벽 등 청주·보은·옥천 지역에 사는 간부들이 모였다. 이 자리에서 동학의 역사에서 대단히 중요한 결정이 이루어졌다. 〈척왜양창의斥倭洋倡義〉즉 '왜놈과 양놈을 물리치는 것이 정의'라는 명제가 채택되었다.[53] 그리고 보은에 8도의 도인을 모아 서울에서 이루지 못한 교조신원운동을 재개하기로 하고, 여기서 결정한 〈통유문〉을 각지에 보내 보은 장내리로 모이도록 했다.

통유문

대저 우리 도는 음양으로써 곧 하늘의 체로 하고, 인의로써 곧 사람답게 하며, 천인 합덕으로 자연스럽게 되어지게 하는 것이다. 그러므로 자식된 자로서 힘써 어버이를 섬겨야 하고, 신하로서 목숨을 다해 임금을 섬겨야 하니 이것이 사람으로서 지켜야 할 큰 도리인 것이다. 우리 나라가 단군·기자에서 오늘에 이르기까지 예의를 숭상하며 익혀 왔음은 천하가 알고 있다. 그런데 근자에 이르면서 안으로는 덕을 닦아 바르게 다스리는 정사가 미거하고 밖으로는 침략세력이 더욱 떨치게 되었다.

관리들은 더욱 빗나가 포악 방자해져서 멋대로 위협하여 굴종시키고, 힘센 호족들도 서로 다투어 토색해 거두어 들이니 기강이 문란해졌다. 학문에서도 경망스럽게 지리멸렬하여 제각기 문호를 세우고 있다. 백성들의 형편은 움츠리고 움츠려들어 버틸 여력이 없다. 벗겨내 없애는 그 재앙과 거듭되는 화가 조석으로 닥치니 평안할 수가 없다. 참으로 뜻이 있는 이라면 가슴을 치며 탄식할 일이다.

우리 모두 사문의 화에서 살아남았으나 아! 스승님의 억울함을 풀지 못한 채 그때가 오기를 기다릴 뿐이다. 우리 성상께서는 자애롭게 각기 생업에 충실하면 큰 혜택을 베풀어 소원을 들어주려 했으나 어찌하여 지방 관속들은 임금님의 홍은을 입은 생각은 않고 여러모로 침탈함이 전보다 더해간다. 우리 모두는 망해버릴 것이니 설사 편안히 살려 하여도 어찌 할 수 있으랴.

생각다 못해 다시 큰 소리로 원통한 일을 진정하고자
이제 포유하니 각 포 도인들은 기한에 맞추어 일제히 모이
라. 하나는 도를 지키고 스승님을 받들자는 데 있으며, 하
나는 나라를 바로 도와 백성을 평안하게 하는 계책을 마련
하자는 데 있다.

_표영삼,《동학의 발자취》중에서[54]

서울의 교조신원이 정부의 속임수로 무위에 그치고,
상경했던 도인들은 귀가하지도 못한데다 관헌들의 토색
질이 더욱 심해진 상태에서 1893년 3월 중순 동학도인
2만여 명이 보은에 집결했다.
〈척왜양창의〉라고 쓴 깃발을 날리면서 동학도인들
은 보름 동안 농성을 유지했다.

동학교도들은 척왜·척양이라는 큰 기를 세우고 다시
각 접을 표시하는 충의·선의·청의·경의·홍경·무경·상공
등등의 중기中旗와 함께 오색소기를 다섯 곳에 끼어서 세
우며 기세를 돋우고, 밤이 되면 장내의 근처 집집에 분산하
여 기숙시키는데, 숙식비에 대한 계산도 분명하게 하는 등
민폐도 조심하였다.

_《의암 손병희 선생 전기》중에서[55]

보은에 모인 2만여 명에 달하는 도인(군중)들은 척왜척양의 역사의식을 동학정신으로 접목하는 데에 뜻을 같이 했다. 여기에는 최시형의 새롭게 정립된 역사인식이 크게 작용한 것이다.

보은에서 대규모 동학도인들의 집회에 놀란 정부는 보은군수를 현지에 보내 도인들을 타일러 해산하도록 종용했으나, 오히려 교조신원과 척왜척양, 보국안민의 주장이 무엇이 잘못되었느냐는 거센 항의를 받고 물러났다.

정부는 병력을 동원하여 강제해산하는 것과 청국에 병력을 요청하는 방안을 모색하다가 어윤중을 선무사로 보내어 동학지도부와 타협하도록 한다. 동원할 병력이 모자랐고, 청국의 파병요청이 무산되었기 때문이다.

최시형은 정부 측과 타협의 결과 농사철이어서 도인들은 각자 고향으로 돌아가도록 하고, 탐관오리의 대표급으로 동학 측에서 지목한 감사 조병식과 영장 윤영기 등이 처벌되었다. 보은 집회는 당초의 목적에는 이르지 못했으나 동학이 중앙정부를 상대로 협상할 만큼 종교적인 결집력과 정치적인 영향력을 갖기에 이르렀다. 이와 같은 성과는 곧 동학농민혁명의 마그마로 작동하게 된다.

동학의 철학과 사상을 정립하다

모시는 정신의 시侍 철학

그가 관의 줄기찬 추적과 탄압 그리고 토호화된 지방 유생들의 질시에도 불구하고 긴 세월 동안 전국의 산간마을을 누비며 교세를 확장하고 삼례 집회와 복합 상소에 이어 보은 집회를 열었다. 여기에 수많은 도인과 백성들이 참여하게 된 것은 시대를 앞서가는 철학과 리더십이 있었기에 가능했다.

서양에서는 1,400년 동안 유지되어온 프톨레마이오의 지구 중심 우주체계가 코페르니쿠스와 갈릴레오에 의해 태양 중심의 우주체계로 바뀌면서 중세 암흑기가 근세의 합리주의 시대로 교체되었다. 반면에 최제우와 최시형의 '사람이 곧 하늘'이라는 인간평등사상은 500년 동안 유지된 조선의 주자학 중심의 군신·반상(班常, 양반과 상민, 봉건사회 계급의식은 나타내던 말) 체제라는 봉건의 낡은 철문을 닫고 근대의 광장을 여는 신호등 역할을 했다. 그런 의미에서 동학은 한국사상의 정수이며 근대사의 본령이자 정맥이라 할 것이다.

최제우가 창도하고 최시형이 이어받은 동학의 기본 철학은 시천주 사상이다. 이를 한 마디로 요약하면 기다릴 시侍 자에 의미가 담긴다. "모든 존재(만유)는 천주(한울님)를 시侍하고 있는 존재이다"라고 《동경대전》의 〈논학문〉은 밝히고 있다.

최제우는 "시라는 것은 안에 신령이 있고 밖에 기화가 있어 온 세상 사람이 알아서 옮기지 못하는 것이다"라고 했다. 결국 '내유신령內有神靈'과 '외유기화外有氣化'를 알고 섬기는 것이 한울님을 모시는 것이 된다.

최시형은 "내유신령은 처음에 세상에 태어날 때 갓난아기의 마음이요, 외유기화는 포태(胞胎, 아기나 새끼를 뱀)할 때에 이치와 기운이 바탕에 응하여 체를 이루는 것이니라. 그러므로 밖으로 접령하는 기운이 있고 안으로 강화의 가르침이 있다는 것과 '지기금지 원위대강至氣今至願爲大降'이라 한 것이 이것이니라" 했다. 이렇게

볼 때 '내유신령'은 출생과 함께 성립되고, '외유기화'는 포태할 때 성립됨을 알 수 있다.[56]

최시형은 하늘과 사람과 자연을 '모시면서' 힘겨운 시대를 살았다. 모실 시 자는 그의 신앙과 철학과 종교의 가장 중요한 내용 중 하나다. 그의 삼경론과 사인여천 사상도 여기서 근원한다. 최시형을 존경하고 그와 크게 다르지 않는 삶을 살아온 무위당 장일순의 〈시에 대하여〉라는 글을 통해 '시'에 담겨 있는 깊은 의미를 살펴본다.

그래서 '시侍' 자를 들여다보니까 엄청나요. '시' 자 안에는 '시양侍養한다'거나 '시봉侍奉한다(봉양해서 먹여 모신다)'거나 '사양飼養한다(아랫사람을 먹여 잘 키운다)'는 일체에 대한 이야기가 들어 있어요. '산에 가봤느냐, 산이 어떻드냐' 산에 가면 산이 둥그렇고 위는 뾰족하고 밑은 넓지. '산에는 뭐가 있더냐.' 바위도 있고 나무도 있고 풀도 있고 헤아릴 수 없이 많이 있단 말예요. 산이 되는 조건은 여러 가지지요. 바위도 있어야 하고 나무도 있어야 하고 나무도 한 가지가 아니라 수만 가지여야 하고 풀도 있어야 하고 여러 가지가 다 있어야 산이 된단 말이거든요.

그 각자는 산이 되는 조건으로 빠질 수가 없으면서도 서로를 무시하지 않아요. 그러니까 옛날에 착한 분들이 써 놓은 책들을 보면, 특히 우리나라의 성인이라 할 수 있는 수운 최제우 선생이나 해월 최시형 선생의 말씀을 보면 그 많은 말씀이 전부 시侍에 관한 말씀이라. 그러니까 이 구석을 들여다봐도 시侍고 저 구석을 들여다봐도 시侍고 시侍 아닌 것이 없어요. 그래서 어느 구석에 가서도 그거 하나만 보고 앉아 있으면 편안한 거라.

_장일순, 〈시에 대하여〉 중에서[57]

최시형은 하늘과 사람과 자연을 '모시고' 살았다. 하늘은 그렇다치고 조선시대 백성들은 군주·양반·세도가를 '모시면서' 살아왔을 뿐, 한 번이라도 '받들어지는' 대상이 아니었다. 조선뿐만 아니라 동서고금의 역사에서 피지배층은 어디서나 수탈의 대상이었다. 자연 또한 '개발'과 '이용'의 대상이었을 뿐이다. 그런데 해월은 이를 '모시는' 대상으로 인식한 것이다.

삼경설의 현대적 가치

하늘·사람·자연 섬기기를 똑같이 하라는 삼경설은 그가 1872년 1월 5일 소백산의 깊은 골짜기에서 49일간의 기도를 마치고 〈대인접물對人接物〉이라는 제목의 법설에서 시작되었다. 한 해 전 이필제의 영해봉기로 다시 관의 집중적인 추적을 받고 있던 때였다. 주요 대목을 살펴본다.《해월신사법설》의 한울을 섬기라는 '양천주養天主'에 대한 법설이다.

한울을 양養할 줄 아는 자라야 한울을 모실 줄 아나니라. 한울이 내 마음속에 있음이 마치 종자의 생명이 종자 속에 있음과 같으니, 종자를 땅에 심어 그 생명을 양하는 것과 같이 사람의 마음은 도에 의하여 한울을 양하게 되는 것이라. 같은 사람으로도 한울이 있는 것을 알지 못하는 것은 이는 종자를 물속에 던져 그 생명을 멸망케 함과 같아서, 그러한 사람에게는 종신토록 한울을 모르고 살 수 있나니, 오직 한울을 양한 자에게 한울이 있고 양치 않는 자에게는 한울이 없나니, 보지 않느냐, 종자를 심지 않은 자 누가 곡식을 얻는다고 하더냐.

_〈양천주〉,《해월신사법설》중에서[58]

최시형이 말하는 한울(하늘)은 초월적인 대상이 아니라 내재적인, 자신의 심중에 모시는 '신령의 종자種子'를 말한다.

"내 혈귀血鬼가 아니거니 어찌 시비의 마음이 없으리오마는 만일 혈기를 내어 추궁하면 천심은 상케 할까 두려

위하여 내 이를 하지 않노라."

"내 또한 오장이 있거니 어찌 물욕을 모르리오마는 그러나 내 이를 하지 않는 것은 한울을 양하지 못할까 두려워함이니라."

"내 이제 제군의 행위를 본즉 자존하는 자 많으니 가탄할 일이로다. 내 또한 세상 사람이거니 어찌 이런 마음이 없겠느냐마는 내 이를 하지 않음은 한울을 양하지 못할까 두려워함이니라."

_위의 책[59]

다음은 사람을 하늘처럼 섬기라는 경인론敬人論이다.

둘째는 경인이니 경천은 경인의 행위에 의지하여 사실로 그 효과가 나타나는 것이다. 경천만 있고 경인이 없으면 이는 농사의 이치는 알되 실지로 종자를 땅에 뿌리지 않는 행위와 같으니, 도 닦는 자 사람을 섬기되 한울과 같이 한 후에야 처음으로 바르게 도를 실행하는 자니라. 도가에 사람이 오거든 사람이 왔다 이르지 말고 한울님이 강림하였다 이르라 하였으니, 사람을 공경치 아니하고 귀신을 공경하여 무슨 실효가 있겠느냐. 우속愚俗에 귀신을 공경할 줄은 알되 사람은 천시하나니, 이것은 죽은 부모의 혼은 공경하되 산 부모는 천시함과 같으니라. 한울이 사람을 떠나 별로 있지 않는지라, 사람을 버리고 한울을 공경한다는 것은 물을 버리고 해갈을 구하는 자와 같으니라.

_위의 책[60]

경천·경인에 경물이 함께해야 한다는 경물론敬物論에 대한 법설이다.

셋째는 경물이니 사람은 사람을 공경함으로써 도덕의 극치가 되지 못하고, 나아가 물을 공경함에까지 이르러야 천지기화天地気化의 덕에 합일될 수 있나니라.

_위의 책[61]

허호익은 경물론에 대해 다음과 같이 평가했다.

그의 경물론은 독특한 생명사상이다. "물을 경공하는 것은 생물 무생물을 포함한 만물 속에 내재하는 한울을 모시고 한울을 키우는 것이니 경물이 곧 시천주와 양천주의 실천이라고 본 것이다."

_허호익, 〈해월 최시형의 천지인 삼경론과 친지인의 신학〉 중에서[62]

언제부터인지는 정확하지 않지만 〈삼경가三敬歌〉라는 가사가 전한다. 소천笑泉이라는 분의 작품이다.

삼경론을 잘 정리하고 있는 듯하여 전문을 소개한다.

삼경가

경천
한울님을 공경하는 지극할 정성
수심정기 솔성수교 높은 공부라
내게 모신 내 한울을 내가 깨달아
내 한평생 잊지말고 공경합시다.
한울님은 대우주의 원리이시라
순천순리하는 것이 제일이로다
무사불섭 무사불명 한 이치이니
그 근본을 잊지말고 공경합시다.

경인
사람마다 내유신령 모시었으니
사람이 곧 한울일세 분명하여라
사람 위에 사람 없고 아래도 없이
평등으로 대합시다 공경합시다.
나도 너도 한울님을 모시었으니
내 맘이 곧 네 맘일세 분명하여라
너와 나와 서로 같은 그 마음으로

사람마다 한울같이 공경합시다.

경물
물건마다 한울이오 일마다 한울
한울 속에 있는 물건 모다 동포라
내가 나를 생각하는 그 마음으로
물건마다 일마다 공경합시다.
바닷물과 땅의 흙도 아끼어 쓰고
풀 한 포기 벌레 하나 해롭지 않게
내가 나를 아껴하는 그 마음으로
물건부터 공경하기 시작합시다.

_소천, 〈삼경가〉[63]

'생명사상' 발아시킨 경천과 경물철학

성인이나 선각자들이 위대한 것은 앞날을 내다보면서 남들이 하지 못한 말이나 행동을 통해 당대의 몽매함을 일깨우고 새 시대의 지평을 여는 데 있다. 자연만물을 인간과 똑같이 존귀한 존재로 인식하고 인격권을 부여하면서 '생명사상'을 발아시킨 것은 대단한 혜안이다.

최시형은 지구적인 생태계의 위기 앞에 신음하고

있는 21세기 인류에게, 누구보다 앞서 이에 관한 문제를 제기하고 경천·경인과 함께 자연(생태)을 삼위일체화한 것이다. 우리의 소중한 유산이고 자산이다. 그의 경물사상이 귀한 것은 물질숭배사상이 아닌 자연에 인간과 동등한 '인격권'을 부여하고 있다는 점이다.

경인이 인간을 숭배하는 것이 아니듯, 경물도 물질을 숭배하는 것이 아니다. 경물은 자연생태계를 하늘의 모습으로 공경하는 것이다. '자연생태계와 인간을 하나의 동포物吾同胞'라고 하는 이유가 여기에 있다. 인간과 자연은 엄격하게 구분되지만, 최시형이 동포라고 하는 이유는 인간과 자연의 가장 깊은 내면에는 천주의 우주법칙으로 내재하고 있기 때문이다.

모든 물질은 우주법을 거슬러서 존재할 수 없으며, 모든 존재하는 것은 엄격한 우주 법칙에 따라서 움직이고 있다. 그러므로 모든 존재의 가장 깊은 내면에는 천주의 이치가 그대로 관통하고 있다. 인간은 말할 것도 없다. 경물은 우주 법칙 또는 천주의 이치를 존중하고 공경하는 삶의 자세라고 할 수 있다.[64] 최시형의 자연사랑, 생태존중에 관한 법설을 더 들어보자.

하늘과 땅은 부모와 같고, 부모는 하늘이나 땅과 같기 때문에 하늘, 땅, 부모는 일체입니다. 따라서 부모의 포태가 바로 하늘과 땅의 포태인데, 지금 사람들은 다만 부모 포태만 알아 섬길 줄 알지 하늘과 땅의 포태의 기운은 알지 못하고 있습니다.

한울은 우리를 덮고 있고, 땅은 우리를 싣고 있으니 큰 덕이 아니고 무엇이며, 해와 달이 우리를 비추고 있으니 이 어찌 은혜가 아니고 무엇이며, 만물은 화化해 생겨나니 천지 이기理氣의 조화가 아니고 무엇이겠습니까?

우주에는 (모든 것이 서로 연결되어 있는) 혼원混元한 기운이 가득 차 있기 때문에 한 걸음이라도 감히 경솔하게 걸어서는 안 될 것입니다. 어느 날, 내가 한가롭게 있는데 한 어린이가 나막신을 신고 빠르게 앞을 지나갔습니다. 그런데 그 소리가 땅을 울리게 해서 나는 깜짝 놀라 일어나 가슴을 어루만지며, "그 어린이의 나막신 소리에 내 가슴이 다 아프네"라고 말한 적이 있습니다.

땅을 소중히 여기기를 어머님의 살같이 해야 합니다. 어머님의 살이 소중합니까, 버선이 더 소중합니까? 이 이치를 바로 알고, 공경하고 두려워하는 마음으로 행동하면, 아무리 큰 비가 내려도 신발이 조금도 젖지 아니할 것입니다. 이 현묘한 이치는 아는 이가 적을 뿐만 아니라, 행하는 이는 더욱 드물 것입니다. 나는 오늘 처음으로 큰 도의 본모습을 말한 것입니다.

_최준식, 《개벽시대를 여는 사람들》 중에서[65]

최시형은 경천사상 중에 기독교의 십계명에 상응하는 십무천十母天을 제시하고 도인들에게 법설을 했다. 양천과 경천의 구체적인 계율은 다음과 같다.

(1) 무사천母欺天하라. 한울님을 속이지 말라.

(2) 무만천母慢天하라. 한울님을 거만하게 대하지 말라.

(3) 무상천母傷天하라. 한울님을 상하게 하지 말라.

(4) 무난천母亂天하라. 한울님을 어지럽게 하지 말라.

(5) 무요천母夭天하라. 한울님을 일찍 죽게 하지 말라.

(6) 무오천母汚天하라. 한울님을 더럽히지 말라.

(7) 무뇌천母餒天하라. 한울님을 주리게 하지 말라.

(8) 무회천母壞天하라. 한울님을 허물어지게 하지 말라.

(9) 무염천母厭天하라. 한울님을 싫어하게 하지 말라.

(10) 무굴천母屈天하라. 한울님을 굴하게 하지 말라.

_〈십무천〉, 《해월신사법설》 중에서[66]

십무천의 한울은 천지인으로서의 한울을 의미한다. 천(하느님)으로서의 한울, 인(사람)으로서의 한울, 지(자연)로서의 한울을 모두 포함하는 삼태극(三太極, 하나의 원이 3개로 분화되어 있는 태극의 형태. 우주 구성의 기본 요소인 천지에 인간을 참여시킨 점에서 음양태극과 구별됨)적 신관이라고 할 수 있다. 따라서 '한울을 속이는 것'은 천지인 한울님 모두를 속이는 것으로 해석해야 할 것이다.

이런 해석이 가능하다면 최시형의 신관은 "내 위에 있는 천天으로서의 하나님과 내 안에 있는 인人으로서의 하나님과 내 밖에 있는 지地로서의 하나님이 모두 한 하나님이 되는 것이다. 따라서 해월의 경천론은 경인론과 경물론으로 확장될 수밖에 없"다고 할 수 있다.[67]

사인여천에 나타난 인권사상

흔히 동학사상의 큰 맥은 1세 교조 최제우의 "사람은 누구나 다 똑같이 한울님을 모시고 있기에 인간은 서로 사랑할 수밖에 없다(시천주)"와 2세 교조 최시형의 "하늘이 따로 있는 것이 아니요 사람이 곧 하늘이기에 사람을 서로 존중해야 한다(사인여천)"로 인식된다.

최시형은 최제우의 시천주 사상을 발전시켜 사인여천을 정립했다. 사람을 하늘같이 섬기라는 철학사상이다. 반상과 적서(嫡庶, 본처의 자녀와 후처의 자녀를 이름)의 차별이 극심하던 시절이다. 양반은 영원한 양반이고 상놈은 대를 이어 상놈이었다. 신분을 벗어날 합법적 사다리가 없었다. 허균이 지적한대로 가끔 호민이 나타나 원민과 항민을 일깨워 저항을 시도했지만 번번이 토살

되고 말았다. 삼족이 멸살되기 일쑤였다. 최시형은 그는 반상과 적서의 차별을 극렬히 반대했다. 시천주나 사인여천의 사상은 인위적인 차별을 거부하는 데서 출발한다.

우리나라에는 두 가지 큰 병폐가 있는데, 하나는 적서의 구별이요, 다음은 반상의 구별입니다. 적서의 구별은 집안을 망치는 근본이 되고, 반상의 구별은 나라를 망치는 근본이 되니, 이것이 바로 우리 나라의 고질이라는 것입니다.

우리 회상에는 두목 아래에도 그보다 백 배나 나은 큰 두목도 있을 수 있으니, 여러분들은 주의해서 어떤 차별적인 생각도 가져서는 안 됩니다.

_최준식, 《개벽시대를 여는 사람들》 중에서[68]

사인여천은 최시형의 후계자인 의암 손병희에 의해 '인내천'으로 승계되면서 동학의 "사람이 곧 하늘"이라는 현대 인권사상의 큰 가치로 발전하기에 이르렀다. 최시형은 사람과 하늘의 관계를 설명한다.

사람들이 푸른 하늘을 우러러 보면서 한울님이 그곳에 있다고 절을 하는 것을 볼 수 있는데, 이것은 한울님이 높다는 것만 듣고 한울님이 진정으로 한울님 되는 까닭을 알지 못한 때문입니다.

나의 모든 행위가 바로 귀신이며 조화이며 이치 기운이기 때문에, 사람은 한울님의 영이며 정기요, 한울님은 만물의 정기이니, 만물에 순응하는 것이 바로 천도天道가 됩니다. 그런데 인도人道는 바로 천도를 그대로 체體와 용用으로 본받았기 때문에, 이들 사이에는 한 가닥 한 가닥의 머리털도 들어갈 수 없게끔 연관되어 있습니다.

_위의 책[69]

최시형의 사인여천 사상은 아직《독립신문》이나 만민공동회 등 서구의 근대적 민권사상이 이 땅에서 소개되기 전의 일이다. 적서와 반상과 함께 여성차별이 극심하던 시절이다. 동학 연구가 임형진은 사인여천의 의미를 네 가지로 분석한다.

첫 번째, 인간의 존엄성에 대한 각성이다. 즉, 최제우의 시천주사상이 최시형에 와서 인시천사상으로, 또 손병희에 와서는 인내천사상으로 진화되었고, 그 시행방법이 사인여천으로 구체화되었다. 사인여천은 이러한 사상의 진화과정 속에서 당시의 절대군주체제 하에 매몰된 개인의 인격적 가치에 대한 자각인 것이며, 한국적 휴머니즘의 정화인 것이다.

두 번째, 민본사상이다. 아무리 유교의 민본사상이

있었다고 하지만 한국의 역사상 인민의 권익이 부각된 것은 그리 흔하지 않았으며 당사자들도 자신의 권리를 주장하지도 않았다. 그들은 절대왕정에 대한 충성만이 신민의 도리라고 생각함으로써 스스로를 비하하여 왔다.

세 번째, 계급타파의 사상이다. 조선 후기 최대의 사회 모순은 지나친 사회계급의 형성이었다. 최제우가 이러한 모순을 타개하기 위한 사회개혁의 방편으로 동학을 창도했으며, 동학 지도자들 대부분이 사회적으로 냉대 받던 계층의 인물이었다.

미루어 생각해볼 때 동학의 교리에 나타난 계급타파 사상은 하나의 필연으로 해서될 수밖에 없었다. 동학 사상에서는 인류의 재화災禍는 계급에 있는 것이요, 경제적 계급의 차별에 있는 것이므로 계급 차별이 없고 이해가 일치하면 인간의 행복은 이루어질 수 있다고 해석하고 있다. 이것은 1894년의 동학혁명 때 주장했던 폐정개혁 요구 12개조에서도 구체적으로 나타나고 있다.

네 번째, 여성의 지위를 각성시켰다. 오랫동안 한민족의 의식을 지배해온 유교의 남존여비사상은 비단 인도주의적인 면을 떠나 생각하더라도 한국사회의 균형 있는 발전을 저해했으며, 여성 특유의 능력으로 개발될 수 있는 분야가 외면되었다는 것은 어느 모로 보나 불행한 일이었다.[70]

혁명전야의 어둠을 헤치며

각지에서 계속되는 민란

　최시형이 동학을 정비하며 삼례 집회와 보은 집회를 성공적으로 진행하고 있던 때를 전후하여 조선 사회 각지에서는 민란이 속출했다. 왕조의 누적된 실정과 지방관들의 탐학과 거듭되는 흉년, 그리고 1876년 개항 이후 양곡이 일본으로 밀반출되면서 백성들은 극심한 식량난에 허덕이게 되었다. 민란 발생의 큰 요인이었다.

　1890년부터 발생한 민란을 살펴보면, 1월에는 경기도 안성에서 군수 최낙주의 학정으로 민란이 발생했고, 그 해 8월 경상도 함창에서 농민들이 수령을 추방하고 관아를 점령했다. 1891년 3월에는 제주, 8월에는 강원도 고성, 1892년 3월에는 함경도 함흥에서 민란이 발생한다. 1893년 6월에는 인천 어민들이 감리서를 습격했고, 7월 황해도 재령에서는 농민들이 감옥을 부수고 죄수를 탈옥시키는 사건이 있었다. 또한 11월 황주·강계·회령·운산·양주 등에서 민란이 일어났다. 이 해에만 전국 각지에서도 65건의 민란이 발생했다.

조선왕조는 '민생의 안정이 곧 나라의 근본'이라는 민유방본民惟邦本의 이념에 따라 억울하고 분통해하는 백성의 소리를 여과없이 듣고자 나름의 제도를 갖추고 있었다.

조선왕조의 소원제도訴冤制度는 《경국대전》에 실려있다. "원통하고 억울한 일을 호소하려는 자는 서울은 당상관에게 올리고 지방은 관찰사에서 올린다. 그렇게 한 뒤에도 원억冤抑이 있으면 사헌부에 고하고 그리하고서도 원억이 있으면 신문고를 두드린다."[71]

억울한 일이 있으면 지방관에서 사헌부, 그리고 국왕(신문고)을 거치는 3단계 소원 절차를 두었다. 뿐만 아니라 별도로 상언上言이란 제도를 두었다. 억울한 백성들이 임금의 행차 시에 꽹과리나 북을 쳐서 이목을 집중시킨 다음 임금에게 직소하는 방법이다.

또한 대궐 앞에서 엎드려 호소하는 복합상소 제도

가 있었다. 동학지도부가 택한 방법이다. 하지만 통치자가 영·정조 등 성군일 때는 기능이 활성화되었지만, 연산군 때나 조선후기 세도정치가 극성을 부리면서 소원제도는 유명무실했다.

동학의 합법적인 복합상소에 국왕이 거짓 어칙을 내린 데 이어, 보은 집회에는 해산을 명하면서 호조참판 어윤중을 양호도어사(충청·전라도 도어사)로 임명하여 보은으로 내려보냈다. 고종이 어윤중에게 내린 칙유문 역시 소원제도의 본질에 역행하는 내용이다.

칙 유 문

임금으로서 너희들에게 이른다. 근자에 동학도들이 무리를 선동하여 거짓말로 현혹시키고 있다. 지난번에도 방자하게 자리를 펴고 대궐 앞에서 부르짖어 이미 이런 무엄을 저질렀다.

배운다는 것이 무슨 글이며 모인 까닭이 무엇인가. 설사 충성하려거나 신원하려거든 각 지방에 장관도 있고 방백도 있는데 어찌하여 실정에 의거하여 소를 올려 거쳐서 임금에게 알리지 않고 바로 이처럼 동류를 불러모아 무리를 지어 작당해서 마을에서 선동하며, 헛소문으로 세상 인심을 시끄럽게 하고 있는가.

만일 칙유가 있은 뒤에도 조심하고 두려워하지 않고 오

히려 때때로 충청도와 전라도에 모여 사리에 어긋나게 허세만 떨치니 이 어찌 화를 즐기는 사된 무리라 아니할 수 없으니 바로 이들은 몰지각한 백성일 것이다. 국법이 있으므로 제거하고 다스림에 어찌 어려우랴마는 모두가 나의 백성이라 먼저 가르치고 후에 형벌함이 어진 정치에서 우선해야 한다.

경으로 하여금 양호도도어사로 삼으니 곧바로 모인 곳에 이르거든 임금에 충성하고 백성을 아끼는 의리로 효유하여 각기 돌아가도록 하여 생업에 안락케 하라. 만일 뉘우치지 않으면 이는 항명이니 경은 즉시 징계를 올려 스스로 처리할 방도를 마련하라. 경에게 마패 하나를 주니 곧 생각대로 처리하라는 뜻이다. 또한 살피도록 하라.

_〈취어 2권〉 중에서[72]

최시형은 전국 각지에서 보은으로 모인 도인들을 설득하여 고향으로 돌려보낸 후, 다시 보따리 하나만 들고 경상도 각지를 전전했다. 민심을 듣고 도인들을 위로하기 위한 행로였다.

먼저 경상도 칠곡 율림리 곽우의 집에 머물다가 인동의 배성모의 집을 거처 김산의 편사언의 집에 이르자 벌써 무더운 7월이었다.

그가 전과 같이 짚세기를 삼고, 노끈을 꼬며 묶고

있을 때 호남 쪽에서 이상한 소식이 들려왔다. 보은 집회 중 해산을 반대하던 남접 두령들이 돌아가서는 여전히 각지에 깃발을 세우고 접소를 열어 기세를 올리고 있다는 것이다. 관가에서 이들을 습격하여 잡으려 하면 곧 자기들끼리 재빨리 연락을 취하여 여러 곳이 호응하여 서로 구출함으로써 관가에서도 어쩔 수 없다는 것이었다.[73]

'혁명가' 최시형의 길

　　그는 조급하지도 그렇다고 멈추지도 않았다. 매사에 열정적이면서 차분한 성품이다. 겹겹이 두터운 벽을 뛰어넘어야 하는 것이 과제지만, 단숨에 넘기 어렵다면 돌아서라도 쉼 없이 넘고자 했다. 500년이 넘게 굳게 자리잡힌 성리학적 가치관이 쉽게 무너지리라 믿지 않았다.

　　오래전에 토착화된 불교와 서세동점의 물결을 타고 밀려온 기독교(천주교)가 하나같이 죽어서 극락과 천당을 바라는 내세주의 종교인데 비해 동학은 살아서 보국안민과 지상천국 건설이라는 현세주의 종교였다. 그러나 외래사조로부터 전통문화를 지키면서 보국안민과 지상천국의 현세주의로 가는 길은 현실의 벽이 너무 높고 두터웠다.

그는 시대를 절망하면서도 '길이 없는 길'을 찾아 쉼없이 걸었다. 그리고 비탄에 빠진 도인들과 도탄에 빠진 백성들을 보듬고 다독이면서 행보를 넓혀나갔다. 감동적인 언변이나 내밀한 속삭임보다 신념에 찬 확신이 사람들에게 믿음을 주었다.

긴 세월 동안 외진 산간마을을 찾아다니며, 이 땅에서 태어나 모진 세파를 겪으며 소박하게 살아가는 민초들과 스스럼없이 어울리고 지내게 되었다. 최시형은 욕심이 없고 너그러우며 인자한 성자의 기품을 지녔다. 또한 근검정직하여 그의 성정과 훈도는 그를 접하는 모든 사람들을 강화시키기에 충분했다. 1864년 이후 동학의 생존과 집단으로부터의 일체의 운동은 최시형의 일거수일투족에 집결되었다. 최시형의 생존은 바로 동학의 생존이요 그의 활동은 곧 동학의 운동이 되었다.[74]

그는 조선조의 개결한 선비가 아니었다. 그는 낡고 부패한 왕조, 물밀듯이 밀려오는 일본과 서양세력, 적서·반상·남녀차별의 하나같이 두터운 벽을 뛰어넘어야 한다는 시대적 소명 앞에 불뚝불뚝 치솟는 저항의식이 잠재된 혁명가였다. 그래서 깊게 사유하고 쉼없이 일하고 활동했다.

최시형은 어디를 가든지 잠시도 쉬는 적이 없었다.

짚신을 삼거나 멍석을 짜는 등 손을 놀리지 않았다. 노끈을 다 꼬아서 할 일이 없으면 꼬았던 노끈을 풀어서 다시 꼬았다. 제자들이 쉬기를 권하면 최시형은 "한울님도 쉬지 않는데 사람이 한울님이 주는 녹祿을 먹으면서 부지런하지 않는 것은 한울님의 뜻을 어기는 것이니라"라고 대답했다.[75]

범상한 듯하면서도 남다른 역사관과 시대정신으로 민초들의 다정한 이웃이고 스승이 된 최시형은 동학의 명실상부한 리더로서 어지러운 시국에 대처하고 있었다. 각 지역의 유능한 인재를 발굴하거나 천거받아 접주로 임명하여 교세는 하루가 다르게 확산되었다. 그리고 이들은 차츰 동학을 보국안민과 척왜척양의 역사의식으로 무장되어갔다. 최시형의 영향이 적지 않았다.

동학의 지도층은 처음에는 동학을 어디까지나 종교운동으로 이끌어갔다. 그들이 종교적인 입장을 고수할 때 그들의 활동은 종교적인 한계를 벗어나지를 않았다. 그러나 그들이 현실적인 면에 눈을 돌릴 때 그들의 활동은 정치적인 운동으로 전환될 수도 있었다. 1893년에 동학교도들이 보은에 집결하여 탐관오리의 배격과 척양척왜를 표방하고 나섰던 것은 그러한 경우다.[76]

그는 도인이나 접주를 만나면 '정성과 믿음'을 강조했다. 그리고 그 방법론을 제시했다.

배울 때에는 폭넓게 하고, 물을 때에는 자세하게 물으며, 행할 때에는 독실하게 하십시오. 만일 삼 년 안에 도에 대한 눈(道眼, 도안)이 밝아지지 못하고, 마음 바탕이 신령스럽게 되지 못하면, 이것은 정성이 없고 믿음이 없는 까닭입니다.

정성과 믿음이 있으면 돌을 굴려서 산 위로 그 돌을 올리는 것일지라도 쉽겠습니다만, 정성이 없고 믿음이 없으면 돌을 산 밑으로 굴려 내리는 것조차도 어려운 것이니, 공부하는 것의 쉽고 어려움도 바로 이와 같습니다.

_최준식,《개벽시대를 여는 사람들》중에서[77]

그는 사사로움과 사특함을 배격했다. 법설을 할 때 특히 이 점을 강조했다.

사사로운 욕심을 끊고, 사사로운 물건을 버리며, 사사로운 영화를 잊을 수 있다면, 기운이 모이고 정신이 모이게 되어 환하게 깨달을 수 있게 됩니다. 그렇게 되면 길을 갈 때에도 발끝이 평탄한 곳을 가게 되고, 집에 있더라도 정신이 조용하게 모이고, 자리에 앉으면 숨결이 고르고 편안하게 되며, 누울 때에는 정신이 그윽한 곳에 들어, 하루 종일 어리석은 듯하며 기운이 평정하고 심신이 청명하게 됩니다.

_위의 책[78]

정치운동으로서의 동학

1876년 강화도조약 이후 일본과 서양 각국은 조선이라는 무기력한 먹잇감을 놓고 각축을 벌였다. 특히 일본은 1878년 6월 일본 제일은행이 부산에 지점을, 9월에는 부산 두모포에 세관을 설치하는 등 야욕이 더욱 심해졌다. 1882년 7월에 체결된 제물포조약으로 부산·원산·인천을 비롯한 개항장의 상업활동 범위를 사방 50리로 확장하고, 2년 뒤 다시 100리로 확대하게 되며 일본 외교관의 조선 내륙 여행이 가능하게 되었다. 이후 일본 공사관 보호를 명분으로 일본군이 서울에 상주하게 되었으며 일본의 경제침투가 날로 가속화되었다.

서울과 지방 곳곳에 척왜척양을 담은 각종 벽서가 나붙었다. 동학이 처음으로 보은 집회에서 공개적으로 제기한 이슈였다. 서울의 일본 공사관에 동학 도인의 명의로 보낸 격서에는 다음과 같은 내용이 담겨 있었다.

일본 상려관은 펴보아라.

(…) 지난날 임진년에 너희들은 우리나라에서 용서받을 수 없는 죄과를 저질렀다. 국력을 다해 침략했다가 패한 몸으로 돌아갔으니 어찌 우리나라의 참혹함과 괴로움을 차마 볼 수 있으랴. 우리는 너희들을 잊을 수 없는 원수로 아는

데 도리어 너희들이 우리에게 잊을 수 없는 한이 있다 하는
가. 너희들의 얼마 남지 않은 운명을 아직도 용서받기 어렵
거늘 어째서 짧은 목숨으로 모질게도 우리의 틈새를 엿보
고 있는가. (…)

우리 스승님의 덕은 넓고도 가없어 너희들에게도 구제
의 길을 베풀 수 있으니 너희들은 내 말을 들을 것인가 안
들을 것인가. 우리를 해칠 것인가 아니 해칠 것인가. 하늘
은 이미 너희들을 증오하며 스승님은 이미 훈계하였으니
평안하고 위태로움은 너희들이 자취하는 것인바 후회하는
일이 없도록 하라. 우리는 다시 말하지 않으리니 서둘러 너
희 땅으로 돌아가라.

계사 3월 초2일 자시

조선국 삼사원우초

_표영삼,《동학의 발자취》중에서[79]

여성이 지켜야 할 '수칙' 반포하다

그는 종교인이면서 사회개혁주의자이자 혁명가다.
하지만 본령은 어디까지나 종교지도자이다. 36세에 동
학 2세 교조가 되었으나 곧 이어 1세 교조가 처형 당하

고, 자신은 수배자의 신세가 되면서 동학교단은 파탄지
경에 내몰렸다.

수습과 재건 과정에서(1887년) 첫 부인이 사망하여
상주 봉산에 장례를 치렀다. 선각자들의 가족 대부분이
그러하듯 김씨부인도 남편의 고난에 찬 행적으로 힘겨
운 생을 살아야 했다. 김씨부인은 사망 직전에 아들 덕
기德基의 혼사를 치르고 눈을 감았다.

최시형은 오랜 세월 정처 없는 떠돌이 생활과 부인
과의 사별 등 고통을 겪으며 환갑을 전후하여 몸이 많
이 쇠약해졌다. 정부의 탄압이 다소 느슨해졌다고는 해
도 여전히 동학이 공인되지 않은 '사교집단'이었으며
그는 '수괴'였다. 행동이 자유스러울 리 없고, 거처가
안전하지 않았다.

2세 교조의 건강을 염려하는 사람이 많았다. 주위에
도인들이 없지 않지만 자주 바뀌는 일정에 따라 음식과
의복을 마련하는 일이 쉽지 않았다. 61세인 1888년 뒷
날 최시형은 동학 3세 교조가 된 손병희의 여동생과 재
혼하게 된다.

이 해에 최시형은 금산金山의 복호동 김창준의 집
에서 임신한 여성이 지켜야 할 수칙으로 〈내칙內則〉과
〈내수도문內修道文〉을 반포한다.

내칙

　포태하거든 육종을 먹지 말며 해어海魚도 먹지 말며 논의 우렁이도 먹지 말며 거렁에 가재도 먹지 말며 고기 냄새도 맡지 말며 무론 아무 고기라도 먹으면 그 고기 기운을 따라 사람이 아면 모질고 탁하나니,

　일삭이 되거든 기운 자리에 앉지 말며 잘 때에 반듯이 자고 모로 눕지 말며 침채 채소와 떡이라도 기울게 썰어먹지 말며 울 새 터놓은 데로 다니지 말며 남의 말 하지 말며 담의 너대(넘어진 곳)로 다니지 말며 지름길로 다니지 말며,

　성내지 말며 무거운 것 들지 말며 무거운 것 이지 말며 급하게도 먹지 말며 너무 찬 음식도 먹지 말며 너무 뜨거운 음식도 먹지 말며,

　기대 앉지 말며 비껴 서지 말며 남의 눈을 속이지 말며 이 같이 아니 말면 사람이 나서 요사도 하고 황사도 하고 조사도 하고 병신도 되나니,

　이 여러 가지 경계하신 말씀을 잊지 말고 이 같이 십 삭을 공경하고 믿어하고 조심하오면 사람이 나서 체도도 바르고 총명도 하고 자국과 재기가 사람이 옳게 날 것이니 부디 그리 알고 각별 조심하옵소서.

　이대로만 시행하면 문왕 같은 성인과 공자 같은 성인을 낳을 것이니 그리 알고 수도를 지성으로 하옵소서.

_〈동학문서〉 중에서[80]

〈내칙〉이 여성이 지켜야 할 금계의 수칙이라면 〈내수도문〉은 여성이 지켜야 할 방법론이다.

내수도 하난 법이라

부모님께 효를 극진히 하오며 남편을 극진히 공경하오며 내 자식과 며느리를 극진히 사랑하오며 하인을 내 자식과 같이 여기며 육축이라도 다 아끼며 나무라도 생 순을 꺾지 말며 부모 분노시거든 성품을 거슬리지 말며 웃고 어린 자식 치지 말고 울리지 마옵소서.

어린아이도 하날님을 모셨으니 아이 치는 게 곧 하날님을 치는 것이오니 천리를 모르고 일행 아이를 치면 그 아이가 곧 죽을 것이니 부디 집 안에 큰 소리를 내지 말고 화순하기만을 힘쓰옵소서.

이 같이 하날님을 공경하고 효성하오면 하날님이 좋아하시고 복을 주시나니 부디 하날님을 극진히 공경하옵소서.

집에 숨물이나 아무 물이나 땅에 부을 때에 멀리 뿌리지 말며 가래침을 멀리 뱉지 말며 코를 멀리 풀지 말며 침과 코가 땅에 떨어지거든 닦으옵시고,

또한 침을 멀리 뱉고 코를 멀리 풀고 물을 멀리 뿌리면 곧 천지부모님 얼굴에 뱉는 것이니 부디 그리 알고 조심하옵소서.

일, 잘 때에 잡니다 고하고 일어날 때에 일어납니다 고

하고 물 이러 갈 때에 물 이러 갑니다 고하고 방아 찧으러 갈 때 방아 찧으러 갑니다 고하고 정하게 다 찧은 후에 몇 말 몇 되 찧었더니 쌀이 몇 말 몇 되 났습니다 고하고 쌀그릇에 넣을 때에 쌀 몇 말 몇 되 넣습니다 고하옵소서.

일, 먹던 밥 새 밥에 섞지 말고 먹던 국 새 국에 섞지 말고 먹던 김치 새 김치에 섞지 말고 먹던 반찬 새 반찬에 섞지 말고 먹던 밥과 국과 김치와 반찬은 따로 두었다가 시장하거든 먹되 고하지 말고 그저 먹습니다 고하옵소서.

일, 조석할 때에 새 물 길어다가 쌀 다섯 번 씻어 앉히고 밥해서 풀 때에 국이나 장이나 김치나 한 그릇 놓고 극진히 고하옵소서.

일, 일가 집이나 남의 집이나 무슨 볼 일이 있어 가거든 무슨 볼일이 있어 갑니다 고하고 볼 일 보고 집에 올 때에 무슨 볼 일 보고 집에 갑니다 고하고 남이 무엇이든지 주거든 아무 것 받습니다 고하옵소서.

일, 금이 난 그릇에 먹지 말고 이 빠진 그릇에 먹지 말며 상생하지 말고 항시 음식을 부모님 제사와 같이 받드옵소서. (…)

_위의 책[81]

1894년, 동학혁명 발발하다

들끓는 혁명의 열기

일본과 서구 열강의 거센 침탈을 맞은 조선의 보수 지배층(사대당)은 청나라에 기대어 진보세력인 독립당(개화당)을 억눌러 기득권을 유지하고자 했다. 이들은 임오군란을 계기로 강대해진 청나라 세력에 기대 독립당을 탄압했다. 이에 맞서 김옥균·박영효·홍영식 등 개화파 지식인들은 1884년 12월 청국에 의존하려는 척족 중심의 수구당을 몰아내고 권력을 장악하는 갑신정변甲申政變을 일으켰다.

이들은 새 정부를 구성하고 혁신정강으로 문벌폐지

와 인민평등권 확립, 과세의 개혁, 지조법地租法의 개혁, 재정의 일원화 등 14개 항목을 내세웠으나 미처 공포하기도 전에 위안스카이가 지휘하는 청국군이 출동하여 신정부의 본거지인 창덕궁을 공격함으로써 집권은 '3일천하'로 끝나고 주도자들은 일본으로 망명했다.

독립당을 제거한 사대당 정부는 더욱 보수화되고 청의 세력이 강대해진 가운데 청·일 두 나라의 조선쟁탈전은 갈수록 격화되었다. 조선사회의 낡은 봉건체제에서 근대국가로 발전시키려 한 최초의 개혁이 처절하게 좌절되고 만 것이다.

갑신정변이 실패한 것은 개화파가 일본을 지나치게 믿으면서도 민중을 자신들의 지지 기반으로 끌어들이지 못한데다, 그들을 적극 지지할 근대적 시민층이 충분히 성장하지 못한 데도 원인이 있었다. 더구나 개화파는 봉건적 토지 소유 문제를 근본적으로 해결하기보다는 조세제도를 개혁하려는 차원에서 해결하려 했다.

그것은 지주 입장에 섰던 개화파의 계급적 한계와도 깊은 관련이 있었다. 또 개화파는 외세의 침략성을 제대로 알지 못했다. 그 결과 정권 탈취와 개혁에 일본을 이용하려던 자신들의 뜻과는 달리 거꾸로 일본에 이용당하고 말았다.[82]

개인은 물론 사회나 국가에도 운명을 가름하는 기회

가 자주 있는 것은 아니다. 개혁의 기회를 놓치면 혁명이나 파국을 불러오게 된다. "비혁명적 변화가 실패함으로써 혁명적 변화가 되고 말았다"는 정치학자 찰머스 존슨의 말처럼, 조선의 민초들은 500년을 누려온 수구 기득권 세력에 더 이상 기대하는 것이 무망함을 깨달았다.

갑신정변 이후 민씨 정권과 수구파는 나름의 근대적 개혁을 실시했으나 개혁정책은 그들끼리의 권력 나눠먹기식이었고 봉건적 수탈에 시달리던 절대 다수 농민들의 고통을 해결할 수 없었다. 극대로 치닫던 사회적 모순이 하나도 해결되지 않은 상태였다.

다소 고전적이긴 하지만 아리스토텔레스는《정치학》에서 혁명을 회피(예방)하는 방법으로 13가지를 들었다. 거꾸로 해석하면 혁명 발발의 정치사회적 요인을 말하는 것이다. 조선 말기의 상황과 겹치는 진단이다.

① 통치의 실패 원인을 충분히 연구할 것.

② 사소한 사항에 대해서도 법률을 엄격하게 지키는 정신을 함양하여 법의 권위를 확보할 것.

③ 민중을 기만하는 방법에 의존하지 말 것.

④ 관직자의 권력남용을 막기 위해 어느 정도 관직의 교대제를 인정할 것.

⑤ 일계급으로 하여금 관직을 독점하게 하지 말 것.

⑥ 관직에 취임하는 자격을 가급적 합리적으로 정할 것.

⑦ 관직취임을 이용하여 이득을 얻지 않도록 할 것.

⑧ 국가 재정상태를 충분히 보고함으로서 관직자가 사리를 취하지 않고 있다는 것을 알려야 할 것.

⑨ 너무 지나치게 개인의 권력을 강대화해서는 안 될 것.

⑩ 정기적인 국세조사를 실시하여 국가구성원의 재산 자격에 대해 적당히 조정함으로써 국가구성원의 일정한 부분을 유지해야 할 것.

⑪ 개인의 생활을 적당히 감독할 것.

⑫ 국내분쟁은 외래침략을 가져온다는 것을 인식시킬 것.

⑬ 특히 지배계급내의 분쟁을 가급적 제거할 것.

_아리스토텔레스,《정치학》중에서[83]

조선의 남쪽에서 혁명의 열기가 일어나고 있었다.

민란의 불씨가 피어오르다

충청도 보은에서 동학도인들이 귀향할 무렵 호남의 도인과 농민 1만여 명이 전라도 전주부 금구현 수류면 원평리에서 별도의 집회를 열었다. 동학도 전봉준·서장옥·황하일 등이 서울 진격 문제를 논의하던 중에 보은 집회의 해산 소식을 듣게 되었다.

조선 제일의 쌀농사지대인 고부 지방에서는 개항 뒤 쌀 수출이 늘어나면서 지주들이 소작농민들을 더욱 수탈했다. 이곳은 조선 후기부터 왕실 소유의 토지인 궁방전이 몰려 있어 이를 관리하는 감관의 농간으로 농민들은 큰 고통을 겪었다. 조세 운반을 맡은 전운사 조필영이나 균전을 경영하려고 중앙에서 파견된 균전사 등도 제멋대로 세금을 거두어 정부에 대한 농민들의 반감을 샀다.[84]

조선 후기 세도정치가 극성을 부리면서 관리들은 돈을 주고 산 감투이니 본전을 뽑고 챙기려는 탐욕 행위가 거칠 것이 없었다. 부농은 그들의 먹잇감이었다. 견디다 못한 농민들이 곳곳에서 들고 일어나기 시작했다. 역사에서는 이를 '민란'이라 부른다. 생존권 투쟁이었다.

가장 큰 불안이 감돌고 있던 곳은 전라도 곡창지대였다. 예로부터 호남의 곡창지대에는 부농이 많이 살고 있었다. 여기에는 갖은 명목으로 세금을 받아가고 백성들에게 죄를 씌워 재물을 빼앗아 자기 몫을 삼는 관리들의 탐학이 가장 심했다. 역시 이때에도 관기는 해이된데다 민씨 척족(성이 다른 일가) 세도들을 배경으로 한 매관매직이 성행하던 때이니, 이곳의 방백수령들은 오는 사람마다 여기서 한 밑천을 뽑아 벼슬길을 트려고 광분했다. 이에 당하는 것은 불쌍한 농민뿐이었다. 마침 이곳에는 동학이 성행했기 때문에 그들에게는 이것이 둘도 없는 구실이 되었다.

자기들 마음대로 온갖 명목을 다 붙여 세금을 뜯어갈 뿐만 아니라 효자·열녀·충신을 표창 기념하는 사업을 한다고 그 돈까지 물리는가 하면, 수령·아전·군졸들이 이중삼중으로 착취하니 도저히 견딜 수 없는 일이었다. 그렇게 동학에 입도하고 접소에 모여 불평불만을 이야기하면 다시 나라에서 금하는 사교를 믿는다고 잡아가 매질을 하고 돈을 받은 후에 내보냈다.

위나 아래나 모든 관리가 다 도둑이요, 강도였다. 백성들은 착취에 견디다 못해 집과 땅을 팔고 떠났지만 그들 역시 떼 지어 사람을 해치는 도둑으로 몰려 능욕당하기 일쑤였다.[85]

동학은 창도정신에서 이미 사회개혁을 넘어 혁명성을 담고 있었다. 최제우는 "도道는 비록 천도天道이나 학學은 곧 동학東學이다"이라고 말했다. 여기서 동東은 넓은 의미로는 동양, 좁은 의미로는 동국, 즉 한국을 뜻한다. 동학은 서학이 아닌 한국사상을 말하고, 내세운 목표가 보국안민의 민족·민중주체 의식으로 포덕천하布德天下·광제창생広済蒼生 그리고 척왜척양과 후천개벽後天開闢을 제시했다.

선천先天이 기존체제라면 후천後天은 새로운 사회를 의미하며 개벽開闢은 '새로운 시대'가 열리는 것을 말한다. 최제우는 정신과 물질 현상이 근본적으로 혁신되어 새 세상이 된다는 뜻으로 개벽운수開闢運數를 제시했다. 또한 천도교에서는 기미년 3·1혁명 후 《개벽》이란 제호의 종합지를 창간하여 72호까지 내다가 일제에 의해 강제 폐간된 바 있다.

동학사상을 비롯하여 한말의 각종 민족종교에는 후천개벽이 큰 자리를 차지했다. 동학의 창시자 수운 최제우, 정역의 창시자 일부 김환, 증산교의 창시자 증산 강일순, 원불교의 창시자 소태산 박중빈 등 신흥 민족종교의 공통적인 키워드는 우연인지 섭리인지 공교롭게도 후천개벽사상이었다.

후천은 선천의 대칭개념으로 풀이된다. 인지가 열리지 못하고 모순과 불합리와 상극이 지배하던 어두운 시대와 세상이 선천이라면, 인지가 열리고 통일과 합리와 상생이 지배하는 밝고 새로운 시대와 세상이 후천이다. 민족종교에서는 선천과 후천의 교역交易에 따라 선천의 시대가 막을 내리고 후천의 신천지가 열리는 것을 후천개벽이라고 한다.

19세기 말 조선은 외세의 침범과 정치의 부패, 그리고 사회지도층의 타락과 국교인 유학의 쇠락으로 나라가 위기로 치닫고 있었다. 여기에 서양의 종교인 천주교가 들어오면서 한국사회의 가치관은 근저에서부터 크게 흔들렸다. 이에 따라 당연히 말세론, 미륵불 출현설, 각종 예언과 도참설이 나돌았다. 정감록과 민간신앙의 말세구원론과 메시아 신앙이 불안한 백성의 마음을 파고들었다. 이러한 결과는 홍경래난, 삼남민란, 동학농민혁명 등으로 폭발되기도 하고, 신흥종교 창시자들의 후천개벽사상으로 나타나기도 했다.

동학혁명의 신호탄

"조선 봉건제 해체사의 최종적 도달점이며 또한 근대 민족해방 투쟁사의 본격적인 출발점"이 된 동학혁명의 봉화가 마침내 올랐다. 1894년 3월 21일, 전라도 고부마을 마항장터에 모인 동학도와 농민들은 접주 전봉준을 주장으로 추대하고 의거의 깃발을 드날렸다. 본격적인 동학혁명의 신호탄이다.

'혁명'의 혁革은 '짐승의 가죽에서 그 털을 다듬어 없애는 것'을 말한다. 즉 '혁'은 갓 벗겨낸 가죽인 피皮를 무두질하여 새롭게 만든 가죽을 뜻하기에 혁革자는 '면모를 일신한다' '고친다'는 의미를 갖는다. 따라서

'생명을 일신한다'는 혁명은 묵은 제도나 방식을 새롭게 고치는 뜻을 담고 있다. 결코 민란이나 민요의 수준과 같을 수 없는 것이다. 동학농민들은 고부에서 혁명의 깃발을 들었다. 그리고 그 불꽃은 들불처럼 삼남 지방에 번지기 시작했다.

'어리석은 백성'으로 끊임없이 지배세력의 수탈을 당하고도 힘이 없는 것을 한탄하거나 자신의 박복으로 돌리고 체념했던 호남의 항민(恒民, 부당한 대우와 차별에도 눈앞의 일에 얽매어 부림을 당하는 백성)이, 지배층의 수탈에 원망에 찬 눈으로 바라보면서 순응적이었던 호남의 원민(怨民, 원한을 품은 백성)이, 이제 정의감에 불타 개혁 의지를 행동으로 옮기는 호민(豪民, 사회 모순에 분연히 일어나 세상을 개혁하는 용기 있는 백성)으로 바뀌고 있었다. 이들의 행동은 처음부터 민란이나 민요民擾의 수준이 아니었다. 바로 혁명의 서막이었다.

교조 최제우가 1864년 3월 '혹세무민'과 '좌도난적'의 죄명으로 처형되고 나서 30년이 지난 뒤에 일어난 일이다. 고부군수의 야수적인 탐학이 직접적인 계기가 되었지만, 그것 때문만도 아니었다. 그러면 왜 하필 고부 지역에서 혁명의 봉화가 타올랐을까.

앞에서 소개한 대로 고부군은 옛부터 땅이 기름지고 관개시설이 잘돼 있어서 부촌으로 인식되었다. 그래서 탐관오리들이 고부의 수령으로 가는 것을 열망했다. 중앙권력의 든든한 뒷배가 있어야만 고부군수 자리를 차지할 수 있었다. 따라서 군수가 자주 교체되고 임기를 채우고 떠난 사람이 별로 없었다. 지원자가 많아서 1년에 군수가 몇 차례 바뀌기도 했다.

역대 수령들의 재임기간을 계산한다면 1573년(선조 6)부터 1755년(영조 31)까지 약 180년 동안에 133명의 군수들이 교체되어 재임기간이 1년 반 정도이고, 그 가운데서도 1628년(인조 6)에서 1644년(인조 22)까지 17년 동안에 17명의 수령이 교체되어 평균 1년도 채 못 된다. 이러한 이유를 읍 유생들은 풍수지리에 의한 부임역로 赴任歷路에 관계가 있다고 말하고 있다.[86]

지방유생들이 제기한 풍수설은 믿을 바 못 되고, 기름진 농지에서 소출되는 물산을 탐하는 자들의 경쟁이 그만큼 치열했던 것이 아닌가 싶다. 농민봉기 직전인 1893년 11월 30일 조병갑이 익산군수로 발령되어 고부를 떠났다. 그리고 12월 한 달 동안 6명의 군수가 발령되었으나 한 사람도 부임하지 않았다. 조정에 든든한 뒷배가 닿아 있는 조병갑이 재임하게 될 것을 눈치 챈 것인지, 흉흉한 민심을 알아채고 부임을 꺼린 것인지는 의문이다. 이런 사유로 인하여 농민 봉기는 잠시 주춤해 있다가 1894년 1월에 악명 높은 조병갑이 다시 돌아오면서 혁명의 불길이 타올랐다. 당시의 긴박했던 거사 광경을 목격한 박문규라는 사람이 그날의 상황을 다음과 같이 기록으로 남겼다.

갑오년, 내 나이 16세 되던 해의 정월 초팔일은 말목 장날이었다. 석양의 동네 사람들이 수군수군하더니 조금 있다가 통문이 왔다. 저녁을 먹은 후 다시 동네에서 징 소리며, 나팔 소리, 고함 소리로 천지가 뒤끓더니 수천 명 군중들이 내 동네 앞길로 몰려오며 고부군수 탐관오리 조병갑이를 죽인다고 민요가 났다. 수만 군중이 사방으로 포위하고 몰려갈제 군수 조병갑이는 정읍으로 망명·도주하여 서울로 도망하였다. 그는 본시 서울의 유세객이다. 민요군은 다시 평명(1월 10일 아침)에 말장터로 모여 수직(守直, 건물이나 물건을 지키는 일)을 하니 누차 해산 명령이 내렸다.

_〈박씨정기역사〉 중에서[87]

전봉준은 고부관아를 점거하기에 앞서 다음과 같은 조치를 선포한다.

1. 관속 중에 군수와 부동하고 탐학한 자를 처단한다.
2. 군기고를 열어 총·창·탄약을 회수한다.
3. 읍내의 청죽을 베어 죽창을 만들어 무기가 없는 자

에게 주라.

4. 옥문을 열어 민란의 장두와 원통하게 갇혀 있는 백성을 석방하라.

5. 창고를 열어 빈민을 규휼하라.

6. 읍사를 정리하라.

전주 감영은 고부 봉기의 소식이 전해지면서 발칵 뒤집혔다. 감사 김문현은 전봉준을 체포하고 난민을 설득하기 위해 병사 40명을 변장하게 한 뒤 고부에 침투시켰다. 그러나 고부의 동학봉기군은 외부 출입자들과 식별하기 위해 비표처럼 왼쪽 손목에 노끈을 매고 있었는데, 감영의 병사들은 이것을 모르고 잠입했다가 붙잡히게 되었다. 이들 중 책임자였던 군위軍尉 정석진은 살해됐다.

이날 밤 동학군은 대오를 둘로 나누어 고부관아로 향했다. 예동에서 고부읍으로 가는 길은 두 개였다. 하나는 천치天峙재의 서쪽으로 넘는 길이었으며, 다른 하나는 서쪽으로 영원永元을 거쳐가는 길이었다. 모두 고부읍까지 20리 안팎이었다. 전봉준이 이끄는 농민주력부대는 영원길을 거쳐 고부관아로 들이닥쳤다. 2월 14일, 농민들은 도중에 죽창을 만들어 꼬나들고 새벽 동헌에 들이닥쳤지만 조병갑은 이미 도망치고 없었다.

농민들은 감옥을 부수고 억울한 죄인들을 석방했다. 날이 밝자 일부 농민들은 말목장터로 나와 원한의 표적이었던 만석보(萬石洑, 전북 정읍시 이평면에 있던 관개용 보. 1892년 전라도 고부군수 조병갑이 농민을 동원해 축조했지만, 임금도 주지 않을 뿐만 아니라, 보의 이용 세금을 과하게 매겨 착복한 것이 700여 석에 달했다)로 몰려가 이를 허물고 예동두전斗田에 쌓아놓은 세미稅米를 농민들에게 돌려주었다. 그리고 이들은 계속해서 말목장터에 자리를 잡고 백산으로 진출하여 진을 치기로 했다.[88]

1811년(순조 11) 평안도 농민들이 홍경래를 중심으로 봉기하여 청천강에서 의주에 이르는 10여 개 지역의 관아를 점령한 이래, 80여 년만에 고부 지역 동학봉기군이 지방관청을 다시 점거한 것이다. 홍경래의 봉기군은 관군에 포위된 채 4개월을 버티다가 성이 폭파됨으로써 진압되고 말았지만 동학군은 달랐다.

그때 조병갑은 이미 도망쳤으므로 남아 있던 관리들을 감금하고 무기고를 파괴하여 무기(화승총·검·창)를 탈취했다. 전봉준은 폭동에 참가했던 농민들을 결속시켜 대규모의 폭력투쟁을 전개하여 봉건통치자에게 큰 타격을 가할 작정이었지만, 반면 자신들의 목적이 달성되었다고 생각한 다수의 농민은 고부의 유지들의 권유에 따라 25일에는 거의 전부가 해산하고 말았다.[89]

전봉준은 일단 봉기군을 해산시켰지만, 그렇다고 혁명을 포기한 것은 아니었다. 보다 치밀한 전략의 수립이 요구되었고 동지들과의 협의와 역할 분담이 필요했다. '전략적인 해산'이거나 '삼보 전진을 위한 일보 후퇴'였다고 하는 편이 정확할 것이다.

북접, 남접의 무장혁명에 참여하다

최시형을 정점으로 북접이 중심이 된 동학교단은 남접 중심의 동학혁명에 참여하기로 결정한다. 1894년 9월 18일 최시형은 각 포의 두령들에게 충청도 보은의 청산靑山으로 모이라는 동원령을 내렸다. 최시형은 신중한 성품이지만 결정하면 신속하게 대처했다. 그리고 총동원의 〈초유문招諭文〉을 발령했다.

초유문
(…) 선사께서 지나간 경신년 천명天命을 받아 도를 창명하여 이미 퇴폐한 강상綱常을 밝히고 장차 도탄에 빠진 생령生靈을 구하고자 하더니 도리어 위학(僞學, 정도에 어그러진 학문)이라는 지목을 받아 조난순도遭難殉道하였으니 아직도 원통함을 씻지 못한 것이 지금까지 31년이라. 다행히

도 한울이 이 도를 망亡케 하지 아니하여 서로 심법心法을 전하여 전국을 통한 교도가 몇 10만인지 알 수 없으되 사은 四恩을 갚을 생각은 없고 오로지 육적六賊의 욕을 일삼으며 척화를 빙자하여 도리어 창궐을 일으키니 어찌 한심하지 않으리오.

돌아보건데 이 노물老物이 나이가 70에 가까운지라 기식氣息이 엄엄하되 전발伝鉢의 은혜를 생각하면 눈물이 옷깃에 차는 것을 견디지 못하여 어찌할 바를 모르겠도다. 이에 또 통문을 발하노니 바라건대 여러분은 이 노부의 마음을 양찰하고 기필코 회집하여 비성을 다하여 천위주광天威尃紘의 아래 크게 부르짖어 선사의 숙원을 쾌히 펴고 종국宗国의 급난에 동부할 것을 천만 바라노라.

_《천도교백년약사》중에서[90]

최시형은 이때에 하늘의 뜻에 이르렀음을 지적하면서 북접이 남접의 동학군과 합세하여 무력항쟁에 나설 것을 명령했다. 이로써 동학혁명은 남북접이 함께 봉기하는 계기가 되었다. 혁명 참여를 결정한 최시형은 신속하게 진영을 갖추도록 명령했다. 전경주의 포를 선봉, 정규석 포를 후군, 이종훈 포를 좌익, 이용구 포를 우익, 손병희를 종군통령으로 임명하여 각 포를 총지휘도록 했다. 손병희는 북접군 총사령이 된 것이다. 북접 동학농민혁명군의 지역과 주도인물은 다음과 같다.

북접 산하 각지의 봉기 상황[91]

지명	주도인물	지명	주도인물
청주	손천민·이용구	양근	신재준
보은	김연국·황하일·권병덕	지평	김태열
목천	김복용·이희인	원주	이화경·임순화
옥천	정원준·강채서	횡성	윤면호
서산	박인호	홍천	심상현·차기석
신창	김경삼	충주	신재연
덕산	김○배	수원	김내현
당진	박용태·김현구	함열	김방서·오지영
태안	김동두	익산	오경도·고제정
홍주	김두열·한규하	옥구	장경화·허진
면천	박희인	임파	진관삼
안면도	주병도	부안	김석윤·김낙철
남포	추용성	만경	김공선
공주	김지택·배성천	여산	최난선·고덕삼
안성	정경수·임명준	고산	박치경
양지	고재당	무주	이응백
여주	임학선·홍병기	임실	이병춘
이천	김규석·김창진	전주	서영도·허내원

　　때를 기다리던 북접 소속 동학도들은 9월 18일 각
포 두령들의 지휘 아래 청산으로 모였다.

9월 18일에 '신사 교도참살의 보'를 듣고 각 포 두령을 소집하여 청산(지금의 충북 옥천군 청산면)에 모이게 하니, 이때에 장석丈席에 모인 자 수만 인이었다. 이때까지 북접 각 포에서는 아직 신사의 명교命敎를 기다리고 동치 아니하였더니 이때에 손병희·손천민 등이 장석에 의병을 일으키기를 청한대 신사 가로되 "인심이 곧 천심이라 차는 곧 천운 소치所致니 군 등이 도중을 동원하여 전봉준과 협력하고 사원師冤을 신伸하며 오도의 대원을 실현하라" 하시고 손병희에게 통령기를 주어 일제히 전선에 서게 하였다.

_이돈화, 《천도교창건사 제2편》 중에서[92]

손병희는 북접 소속의 통령이 되어 10만 명에 이른 동학농민군을 지휘하는 위치가 되었다.

해월은 손병희를 중군통령으로 삼고 동학농민군을 총지휘하게 하였다. 이로부터 진군을 시작하여 돈론촌敦論村에서 보은 수비병과 일전하여 크게 이기고 다음 날에는 전군을 2대로 나누어 1대는 영동·옥천에서 논산에 이르러 전봉준과 합세하고, 2대는 회덕 지명시芝明市에 이르러 청주 관군과 싸워 이들을 물리치고 논산에 이르러 전봉준의 남접 산하 동학농민군과 합세하였다.

_위의 책[93]

남북접의 노선 차이

최시형은 보은 집회 때 지도부와 각 접주들의 회의에서 교조의 신원과 함께 정부의 부당한 탄압을 비판하는 내용의 〈신원금폭소伸寃禁暴訴〉를 조정에 제출했다.

갑자년(1864) 3월 10일에 대구에서 동학을 금지하고 교조를 처형하니 지극히 원통하고, 그 고통으로 인령이 처절하고 천지가 참담하였다고 가히 말할 수 있습니다. 모某 등이 피를 머금으며 눈물을 마신 지 어언 30여 년이 되었으나 신사의 지극한 원한을 아직 펴지 못하였습니다. 예전 금영錦營에서의 원통함을 외치던 것과 삼례에서의 호소는 오로지 신원금폭에서 나온 것이었습니다.

대개 동학이라는 이름은 특별히 다른 뜻이 있는 것이 아니라 선사가 생전에 동방에서 나아서 동학에 거하여 동학의 이름을 불렀고, 서양에서 들어오는 학문을 대칭한 것이거늘, 뜻하지 않게 금일 다시 동학의 탄압이 일어나서 도리어 서학의 왼팔을 도우니, 유유한 푸른 하늘아! 이 어느 사람이 옳단 말입니까.

_이수광,《우리가 몰랐던 근대사의 비밀》중에서[94]

교조의 신원은 여전히 풀리지 않았고 조정에서는

청나라 군사를 차병하려다 여의치 않자 관군을 보내 보복에 나섰다. 그동안 온건한 방식으로 교조신원과 동학 공인을 추진하려던 최시형과 지도부는 방법을 달리하지 않을 수 없었다. 정부의 태도와 호남 쪽의 거사가 진행되면서 방향을 바꾸었다.

동학의 조직이 전국적으로 확장되면서 경기·강원 지역의 북접과 삼남 지역의 남접간에 노선상의 이견이 나타났다. 남접의 강경론에 비해 지도부가 속한 북접은 온건한 방법으로 뜻을 이루자는 것이다.

북접 교단은 농민전쟁을 원하지 않았다. 그들은 어디까지나 종교적 차원에서 농민 봉기를 묶어두려 했다. 그것은 그전의 일련의 집회 기간에도 꾸준히 지켜온 입장이었다. 그나마 대중집회를 개최해도 교단 내 강경파의 압력에 의해 어쩔 수 없이 하는 정도였고, 대외적 명분도 교조신원에만 국한하여 동학을 공식적으로 인정받는 데만 노력했다.

이 점은 동학이라는 종교운동의 특성에서 기인할 수밖에 없는 것이며, 동시에 북접 교단지도부가 대체로 최하 빈농층보다는 부농과 중농의 입장을 반영하는 데서 오는, 어쩔 수 없는 것이었다. 그래서 그들은 정부와의 직접적이고 전면적인 대결보다 유화적인 국면에서 타협적으로 문제를 해결하려 했다. 이것이 극명하게 나타났던 것이 북접의 보은 집회와 전봉준 주도의 원평 집회에서였다.[95] 이 시기의 최시형은 교단에서 확고한 리더십을 발휘하고 있었다. 보은 집회 때의 모습이다.

이튿날 대신사가 보은 장안에 이르자 각 포의 교도들이 바람이 불고 조수가 밀려오며 구름이 몰려오고 안개가 자욱하게 끼듯이 서로 약속을 하지 않았는데도 수십만 명이 모여들었다. 이들은 각기 장대를 내걸어 깃발로 삼았고 돌무더기를 모아 성채를 만들었으며 읍양하고 진퇴함에 위의 威儀가 바로 섰으며 노래를 부르고 주문을 외움에 화기가 잘 어울렸다. 이에 대신사가 명령하여 각 포의 대접주를 임명하고 포의 이름을 정하였는데, 충경대접주 임규호, 청의대접주 손천민, 충의대접주 손병희, 문청대접주 임정재, 옥의대접주 박석규, 관동대접주 이원팔, 호남대접주 남계천, 상공대접주 이관영 등이었다. 그리고 묘당(廟堂, 의정부의 별칭)에 건백(建白, 관청에 의견을 말함)해서, 기어코 선사先師의 원통함을 풀려고 열흘이 넘도록 해산하지 않았다.

_〈시천교종역사〉 중에서[96]

한 덩어리가 된 동학혁명

의義의 깃발 들고 '격문'을 발표하다

1894년 3월 21일 전북 고창군 무장茂長의 당산마을 앞 들판에서 동학농민군의 본격적인 봉기가 시작되었다. 제1차 봉기에 속한다. 1월 10일 고부관아를 점거했다가 스스로 해산한 지 80일 만의 일이다.

이번에는 지난번 때와는 군중의 수나 조직, 내건 구호, 지휘체계 등이 확연히 달랐다. 1월의 봉기가 다소 자연발생적이고 즉흥적이었던 데 비해 이번 봉기는 사전에 치밀하게 조직하고 동원된 혁명적인 집결이었다.

무장에서 시작된 동학혁명은 백산에서 황토현으로

집결지를 옮기면서 수많은 동학도인과 농민이 자발적으로 참가하여 혁명의 진행은 급물살을 타게 되었다.

고부에서 농민들의 해산과 함께 몸을 숨겼던 전봉준·손화중·김개남·김덕명 등 지도부는 본격적인 혁명을 봉기할 장소를 무장으로 결정했다. 무장은 동지 손화중이 동학접주로 있는 곳이고, 이들 지도부의 지인, 친지들도 많이 살고 있어서 거사에 적합한 지역이었다.

이 무렵에는 고부관아 점거의 주동 인물로 전봉준 등이 지목되어 조정에까지 보고되고, 그들의 이름은 전국적으로 알려지게 되었다. 조정에서는 눈에 불을 켜고 이들의 체포에 나섰으나 모두들 변신을 하고 이곳저곳 옮겨 다니면서 관의 추적을 피하고 있었다. 이들 지도부는 3월 초순부터 농민군을 지휘하게 될 '호남창의대장소湖南倡義大將所'를 조직했다. 전봉준이 총대장인 동도대장에 추대되고 손화중·김개남이 총관령, 김덕명·오지영이 총참모, 최경선이 영솔장, 송희옥·정백현 등이 비서에 선임되었다. 대부분이 보은 집회 등에 참가했던 동학의 핵심 멤버들이었다. 이들은 고부관아를 공격할 때도 앞장섰으며 사발통문을 만들어 돌릴 때도 서명한 이들이다.

지도부가 구성되면서 각 고을에 〈격문〉을 띄웠다. 동학 조직을 통해서였다. 그 결과 며칠 만에 수천 명의 동학농민혁명군이 집결했다. 지도부에 속한 인사들이 그만큼 도인과 농민들의 신망을 받고 있었기에 가능했다.[97]

이때 집결된 동학·농민군의 수는 약 8천여 명이고, 영솔자 별로 정리하면 다음과 같다.

영솔자와 참여 인원[98]

포 명	지역별 영솔자	농민군 수
손화중포	고창 : 오하영 오시영 임향로 임천서	1,500
	무장 : 송경찬 강경중	1,300
	흥덕 : 고영숙	700
	정읍 : 손여옥 차치구	1,200
김개남포	태인 : 김낙삼·김문행	1,300
김덕명포	태인 : 최경선	
	김제 : 김봉년	2,000
	금구 : 김사엽	
합 계		8,000

오합지졸일 수밖에 없는 농민군의 진영은 예상보다 빨리 정비되었다. 대의를 위해 자발적으로 참여한 까닭에 모든 사람이 솔선수범했기 때문이다. 지휘본부에는 〈동도대장〉이란 대장기에 '보국안민輔国安民' 네 글자가 선명하게 새겨져 하늘 높이 게양되었다. 그리고 각지에 다시 〈격문〉을 보내 참여를 호소했다.

격문

우리가 의義를 들어 이에 이름은 그의 본의가 단연 다른 데 있는 것 아니고, 창생을 도탄에서 건지고 국가를 반석 위에 두자는 데 있다. 안으로 탐학한 관리의 머리를 베고 밖으로는 횡포한 강적의 무리를 구축하는 데 있다.

양반과 부호 밑에서 고통을 받고 있는 민중들과 방백方伯 수령守領 밑에서 굴욕을 당하고 있는 소리(小吏, 벼슬아치 밑에서 일을 보는 사람)들은 우리와 같이 원한이 깊은 자다. 조금도 주저치 말고 이 시각으로 일어서라. 만일 기회를 잃으면 후회하여도 미치지 못할 것이다.

갑오 정월 일
호남창의대장소

격문을 띄운 지 며칠이 지나자 호남 일대의 동학교도와 일반 농민들이 거사를 지지하며 구름처럼 몰려왔다. 동학의 포가 있는 지역은 각자 지역별로 봉기하여 소속 창의대장소로 모여들었다.

고부 백산을 중심으로 인근 각 읍은 말할 것도 없거니와 영광·옥구·만경·무안·임실·남원·순창·진안·장수·무주·부안·장흥·담양·창평·장성·능주·광주·나주·보성·영암·해남·곡성·구례·순천·전주 등지의 교도가 거의 때를 같이해서 일어났다.

모여드는 군중은 비단 교도들뿐이 아니었다. 관의 행패와 양반, 토호들의 극악한 착취에 원한이 골수에 사무친 백성들이 동학의 깃발 아래로 속속 모여들었다. 이렇게 모인 농민들은 지역별로 동학의 포와 접의 조직에 흡수되어 군장의 지휘 아래 교인들과 동일한 행동을 취하게 된다.

아침나절에 80여 명밖에 안 되던 포에서도 저녁 때이면 그 인원이 200명, 혹은 300명으로 늘어났다.

식량의 조달은 관아의 창고에 쌓여 있는 세미를 가지고 넉넉히 충당할 수 있었지만, 인원이 늘면 느는 대로 곧장 군막을 새로 쳐야 했다. 무장 일대는 밤늦도록 군막을 치는 망치 소리가 끊이질 않았다. 밤이면 군데군데 화톳불이 찬란했다. 대장소에서는 전봉준을 비롯하여 그 지도부가 둘러앉아 전략을 짜기에 밤낮이 없었다.

한편에서는 군사를 조련했다. 총질에 익숙한 사람은 특별히 선발되어 군기고에서 탈취한 화승총으로 무장을 갖추고 사격하는 연습을 했다. 또 한편에서는 대를 베어다가 죽창을 만들었고, 궁장이는 활을 메우고 화살을 다듬느라 쉴 틈이 없었다.

지도부는 2월 20일경 다시 각 읍에 〈격문〉을 띄워 거사를 하게 된 뜻을 밝히고 거사의 참여를 독려했다.

백성을 지키고 길러야 할 지방관은 치민의 도를 모르고 자신의 직책을 돈벌이 수단으로 삼는다. 여기에 더하여 전운영이 창설됨으로써 많은 폐단이 번극하니 민인들이 도탄에 빠졌고 나라가 위태롭다. 우리는 비록 초야의 유민이지만 차마 나라의 위기를 좌시할 수 없다. 원컨대 각 읍의 여러 군자는 한 목소리로 의를 떨쳐 일어나 나라를 해치는 적을 제거하여 위로는 종사를 보전하고 아래로는 백성들을 편안케 하자.

_이복영,《남유수록》중에서[99]

〈창의문〉, 혁명의 대의를 공포하다

무장에 집결한 동학혁명군은 '동도대장'이라는 대기大旗를 앞세우고 각기 청황적백흑靑黃赤白黒의 5색기로 그 표식을 삼아 대오를 정비했다. 실제로 동학혁명군의 진군이 결행되는 순간이었다.

지도부는 이 자리에서 다시 한 번 혁명의 당위를 설명하고, 이번 거사의 대의를 4개항의 행동강령으로 집약하여 선포했다.

1. 사람을 죽이지 말고 재물을 손상하지 말라.

2. 충효를 다하여 제세안민濟世安民하라.

3. 일본 오랑캐倭夷를 축멸하여 성도聖道를 깨끗이 하라.

4. 병兵을 몰아 서울로 들어가 권귀權貴를 진멸하라.

3월 21일을 동학혁명의 봉기일로 정한 것은 이날이 2세 교조 최시형의 탄신일이었기 때문이다. 동학도인들을 움직이게 하기 위해 2세 교조의 탄신일을 거사일로 택한 것이다. 이날 무장에 집결한 군중은 8,000여 명에 이르렀다. 당시 봉기군 측의 자세한 기록은 남아 있지 않지만 전봉준은 〈공초〉에서 4,000여 명이라 밝혔고, 지방관청의 보고에도 수천 명으로 기록되었다. 여러 사료를 종합하면 8,000여 명이 정확한 듯하다.

부안현이 전라감사에 올린 보고에 따르면, 4월 4일 동학농민군 수천 명이 금구·원평으로부터 몰려와 부흥역에 있는 부대와 합세하여 동헌東軒으로 돌입, 현감 이철화를 감금하고 아리衙吏들을 결박한 다음 군의 무기를 탈취한 뒤, 4월 6일 그들이 도교산(지금의 전북 정읍시 덕천면)으로 이동한 틈에 간신히 풀려나왔다고 했다.[100]

동학혁명군의 지휘부는 거사 전날인 3월 20일 전봉준·손화중·김개남 3인의 명의로 〈창의문〉을 발표하여 혁명의 대의를 공포했다.

창 의 문

세상에서 사람을 가장 귀하다고 여기는 것은 인륜이라
는 것이 있기 때문이다. 군신부자는 인륜의 가장 큰 것이
다. 인군人君이 어질고 신하가 곧으며 아비가 사랑하고 아
들이 효도한 후에야 나라가 무강의 역域에 미쳐가는 것이
다. 지금 우리 성상은 어질고 효성스럽고 자상하고 자애하
며 정신이 밝아 총명하고 지혜가 있으니 요순의 덕화와 문
경의 다스림을 가히 바랄 수 있으리라.

그러나 오늘의 신하된 자들은 보국을 생각하지 아니하
고 한갓 녹위만 도적질하여 총명을 가리고 아부와 아첨만
을 일삼아 충성되이 간하는 말을 요언이라 이르고 정직한
사람을 비도라 하여 안으로는 보국의 인재가 없고 밖으로
는 백성을 탐학하는 관리가 많도다. 인민의 마음은 날로 변
하여 생업을 즐길 수 없고 나아가 몸을 보존할 계책이 없다.

(…) 백성은 나라의 근본이라. 근본이 쇠잔하면 나라도
망하는 것이다. 보국안민의 방책은 생각하지 아니하고 밖
으로는 향제鄕第를 설치하여 오로지 제 몸만을 위하고 부
질없이 국록만을 도적질하는 것이 어찌 옳은 일이라 하겠
는가.

우리는 비록 초야의 유민이지만 임금의 토지를 부쳐 먹
고 임금의 옷을 입고 사니 어찌 국가의 존망을 앉아서 보기
만 하겠는가. 8도가 마음을 합하고 수많은 백성이 뜻을 모

아 이제 의로운 깃발을 들어 보국안민으로써 사생의 맹세를 하노니, 금일의 광경은 비록 놀랄 만한 일이기는 하나 경동輕動하지 말고 각자 그 생업에 편안히 하여 함께 태평세월을 빌고 임금의 덕화德化를 누리게 되면 천만다행이겠노라.

갑오 3월 20일

호남창의소 전봉준 , 손화중, 김개남

손병희와 전봉준 손 잡다

최시형이 북접의 동학교인들에게 총진군 명령을 내리자 때를 기다리던 동학도와 농민들이 도처에서 속속 모여들었다. 최시형의 명령과 함께 손병희·손천민·이종훈 등의 지휘 아래 북접 동학농민군은 관아를 습격하고 무기를 빼앗는 등 경기도 일원을 위협했다. 9월 중순부터 10월 중순까지 한 달여 동안 북접 산하의 동학농민군은 경기도 지방 대부분을 석권하고 충청도 보은으로 집결했다.

여기서 보은 수비대를 격파하고 부대를 둘로 나누어 1대는 영동·옥천으로부터 논산으로 직행하여 전봉준의 농민군과 만나고, 다른 1대는 회덕에 이르러 관군

과 싸워 이들을 물리치고 논산에 도착하여 전봉준의 부
대와 합세했다.

논산에 동학농민군의 대본영이 설치되고, 이곳에서
전봉준과 손병희가 만났다. 이제 논산의 대본영에서는
호남의 전봉준과 호서의 손병희가 서로 만나 형제의 의
와 생사를 맹세하니, 전봉준은 형이 되고 손병희는 아우
가 되었다. 이때 전봉준은 손병희에게 이렇게 말했다.

내가 한갓 일이 중하고 급한 것만을 생각하고 급거히
일을 일으켜 수없는 민재民財와 생명을 없애고 형세 이에
이르렀으니 내 한 몸만은 이제라도 선후책을 강구하여 최
후의 한 마음으로 공주를 직충하면 십분의 희망이 있으니
돌아보건대 호남인은 여러번 싸운 나머지 피곤하기가 저러
하니 원컨대 기호의 도중道衆이 동심협력하여 대사를 형성
하기 바란다.

_김삼웅, 《녹두장군 전봉준 평전》 중에서[101]

손병희는 남접군의 대표이고 명실상부 동학농민군
의 지도자인 전봉준과 손을 잡았다. 양측의 협력으로 관
군과 일본군을 물리칠 수 있다는 절체절명의 사명감에
서 뜻을 함께 모은 것이다. 그리고 두 사람은 의형제를
맺었다. 그야말로 세상의 의를 이루자는 '의형제'였다.

호남의 전봉준과 호서의 손병희 양대장이 서로 만나 손을 잡으니 일면에 옛같이 간담이 상조하고 지기志気가 부합되는지라. 드디어 형제의 의를 맺어 생사고락을 함께 맹세하니 전봉준은 형이고 손병희는 아우가 되었다. 이날로부터 같은 식탁에서 밥을 먹고 같은 장막에서 잠을 자고 기타 모든 일에 동일한 보조를 취해 나가기로 결심하였다.

_오지영, 《동학사》 중에서[102]

남접의 동학군은 북접의 참여로서 그야말로 100만 원군을 얻은 셈이 되었다. 당시 전봉준이 지휘하는 남접측의 동학군은 관군은 물론 당시 아시아 최강을 뽐내는 일본군을 상대로 힘겨운 전투를 치루고 있었다.

조선에 파견된 일본군은 비록 3개 연대의 8,000여 병력에 불과했지만 이들은 잘 훈련되고 신식 무기로 무장한데다 조선정부군과 지방의 영병 또는 일본 대륙낭인들의 정보 지원을 받으면서 동학군을 무자비하게 살상했다.

동학혁명군이 소량의 화승총과 죽창이나 농기구로 무장한 데 비해 일본군은 영국에서 개발되어 수입한 스나이더 소총과 자체 개발한 무라타 소총으로 무장하여 임진왜란 때의 무기와는 상대가 아니었다. 스나이더 소총은 후발식 단발 소총으로서 1874년 일본의 대만 침략

때도 사용되었던 신형무기였다. 동학혁명 당시 양측의 화력은 250대 1의 수준이었다는 것이 학계의 통설이다.

1894년 10월 9일 삼례 집회 이후 10월 12일 동학농민군이 공주로 진격하면서 일본군과 접전이 본격화하였다. 이를 시작으로 10월 15일 충청북도 청풍 부근에서 충주 지방 경비병이 동학군 수령급 이하 30여 명을 살육하고 화승총 2,000정과 화약 등을 약탈했다. 10월 25일에는 대구 병참부의 일본군이 성주에서 동학군 11명을 붙잡아 살해했다. 일본군은 이에 앞서 10월 15일 보병 제19대대가 서울에서 출발해서 동학군 학살전에 가담했다.

대대장 미나미 쇼시로 소좌를 지휘관으로 하는 3개 중대는 전병력을 3개 중대로 나누어 공주로 진격하기 시작했다. 마스키 대위가 이끈 제1중대는 동로東路로 장호원을 경유하고, 모리오 대위의 제2중대는 서로西路로 진위를 경유하고, 이스쿠로 미츠마사 대위의 제3중대는 중로中路로 양지를 경유하여 남하했다.

동학군 학살부대는 일본군 3개 중대가 주력을 이루고 기타 조선관군과 일본군이 양성한 조선 측 교도중대, 그 밖의 일본군 수개중대와 대륙낭인들이 참가했다. 동학군이 일본군과 처음으로 대규모의 접전을 벌인 것은 공주 우금치전투였다.

일본군은 동학군이 활동한 전국 여러 지역에서 동학농민군과 동학도인뿐 아니라 일반인들까지 무차별적으로 학살했다. 동학군은 우금치전투에서 치명적인 타격을 입고 점차 패퇴의 길로 빠져들었다. 북접 역시 남접과 같이 많은 희생자를 냈다.

손병희가 이끄는 북접 동학농민군의 주력부대는 논산에서 전봉준과 합세한 이래 남접 동학농민군과 행동을 같이 했다. 공주 공방전에서 패전 후에도 전봉준의 부대와 고락을 같이 하며 후퇴하다가 순창에서 비로소 공동행동을 포기하고 충청도를 향하여 북상하게 되었다.

이후 진안·장수·무주 등지를 우회하여 충청도의 영동에 도착했으나 일본군과 관군의 추격이 심해 이곳에서도 지탱하지 못하고 청주 화양동을 거쳐 충주에 이르자 또 다시 관군의 공격을 받아 12월 24일을 기해 잔여 부대를 해산하고 교조 최시형 이하 손병희·손천민·김연국 등의 동학지도부는 각기 개별행동을 취할 수밖에 없었다.[103]

손병희가 지휘하는 동학군은 여러 차례 전봉준이 이끈 부대와 합동으로 전투하여 패하기도 하고 승리도 거두었다. 11월 25일 원평전투에서 패하고 태인으로 퇴각하여 머물다가 추격하는 관군에 패했다. 동학군 2만 군사가 500명으로 줄어들 만큼 막대한 피해를 입은 우금치전투와 관련하여, 손병희가 이끌었던 동학군의 동향에 대해 입도할 때부터의 동반이었던 이종훈의 기록이다.

　의암 선생의 말씀을 받들어 논산으로 이동하여 전봉준과 합진한 지 3일만에 의암 선생께서는 신사(최시형)를 모시고 와서 진중에 유중하였다. 관군과 3차례 공주전투에 크고 작은 건투를 하였으나 패하고 관군의 추격으로 인하여 전라도 장성까지 14번의 교전을 하였다.

　이후 손병희가 지휘하는 동학군은 무주 무풍과 영동 용산에서 추격하는 관군을 격퇴시키고 보은 종곡으로 이동하였다. 그러나 종곡에서 관군의 습격을 받아 다시 퇴각하여 충주 외 서촌에 이르렀다. 이곳에서 다시 관군과 전투를 치렀으나 전의를 상실한 동학군은 더 이상 싸움이 되지 않았다. 이에 손병희는 외서촌전투를 끝으로 그동안 생사를 같이 하였던 혁명의 동지들을 해산할 수밖에 없었다.

　이후 그는 손천민·손병흠·김연국·홍병기·임학선 등과 더불어 스승 최시형을 모시고 강원도 땅을 찾아 떠나갔다.

_성주현,《손병희》중에서[104]

일본군의 잔학한 학살

반봉건에서 반외세 투쟁으로

　동학혁명군은 반봉건·척왜척양의 기치를 내걸고 거사했으나 일본군의 엄청난 화력 앞에 무참하게 패퇴하고 말았다. 20~30만 명에 이르는 동학군이 학살되었다. 당시 1,500만 명도 안 되는 인구에서 이 같은 희생자는 세계 어느 전쟁사에도 유례가 드문 살상이다.

　일본군이 들어오면서 북접의 최시형이나 손병희, 남접의 전봉준이나 김개남을 막론하고 동학농민군의 목표는 반봉건에서 일본군을 몰아내자는 '척왜'로 바뀌었다. 폐정개혁에서 반외세투쟁으로 전환된 것이다.

남접이나 북접을 막론하고 동학군은 평범한 농민들이었다. 특히 동학도인들이 많았다. 이렇다 할 무기가 있는 것도 아니었다. 관군에서 노획한 소량의 낡은 화승총이거나 죽창·농기구가 전부였다. 전투훈련도 받지 못한 그야말로 오합지졸이었다. 초기에는 관의 탐학에, 이제는 일본군의 침략에 맞서 일어난 의군義軍일 뿐이다. 하나같이 정신력은 강했지만, 전투력은 취약했다.

일본군은 동학군의 움직임을 속속들이 꿰고 있었다. 전국 각처에 정보원과 밀정을 파견하여 농민군의 동정을 살피고 있었다. 동학농민군이 봉기하자 일본은 다수의 밀정들을 약장수로 변장하거나 관광객으로 가장시켜 현지에 투입, 각종 정보를 입수했다. 일본의 정보수집 실태를 이이화 씨는 다음과 같이 정리했다.

이때 일본의 정보수집망은 두 갈래로 이루어지고 있었다. 하나는 일본의 참모본부에서 이지치 코오스케 소좌를 부산에 파견하여 조선주재 일본공사관 와타나베 테츠타로오 대위 등과 제휴하여 정보수집에 종사케 한 것이다. 이 두 정보원은 종래의 밀정인 약장수·관광객을 지휘하여 전라도 일대만이 아니라 전국을 대상으로 살폈다.

또 하나는 해군의 지휘에 의해 측량선·상선을 가장하여 해안 일대를 돌아다니며 아무 데나 상륙하여 정보를 수집하기도 하고 청군의 동정을 엿보기도 했다. 이와 달리 일본 민간단체로 낭인의 집합체인 현양사玄洋社의 천우협天佑俠 패들은 부산에 상륙하여 은밀히 정보를 수집하며 농민군에 접근하고 있었다. 그들 다케다 노리시, 우치다 료헤이, 스즈키 다카미 등은 계속 경상도 일대를 거쳐 전라도로 접근해 왔다. 그들은 부산의 오사키 쇼키치의 법률사무소를 거점으로 정보를 수집해오다가 농민전쟁이 일어나자, 농민군을 이용하여 친일정부를 세우려는 계획을 그리기도 했다. 이들은 끝내 집강소 활동을 벌이고 있는 전봉준을 만나기에까지 이른다.

_이이화,《인물 한국사》중에서[105]

　일본의 일부 자료들은 천우협과 내전 등 대륙낭인 패들의 활동을 지나치게 과장하고 있다. 천우협의 단원들이 전라도 순창에서 전봉준과 회견하고 동학군의 군사軍師, 유격군의 대장, 또는 분대의 우두머리로 활동했다고 주장했다.[106]

　그러나 이러한 주장들은 사실상 신뢰성이 모자란다. 당시 대부분의 다른 회원들은 현양사의 중견 회원이었거나 조선·만주 등 해외에서 많이 활동한 인물들이었다. 그 반면, 내전은 현양사의 소장 회원이었을 뿐만 아니라, 해외 활동에도 아무런 경험이 없었다. 그러므로 나이 어리고 경험 없는 내전이 천우협을 지휘했다는 말은 믿을 수 없는 주장이며, 더욱이 전봉준을 비롯한 동학당의 지도자들이 동학군의 요직과 통수권을 천우협에게 위임했다는 것은 있을 수 없는 일이다.

동학혁명은 처음부터 반봉건과 척왜척양을 주장하여 반외세의 기치를 내세웠을 뿐만 아니라, 일본이 동학봉기를 빌미로 하여 조선에 군대를 보낸 이후부터는 동학 내부의 반일감정이 더욱 고조되었다는 사실을 생각할 때, 현양사나 흑룡회의 주장은 전혀 근거가 없는 것이다.

일본 낭인패와 밀정, 군사들이 수집한 각종 정보는 주한 일본영사관을 통해 즉각 일본정부에 보고되고 필요한 지침을 하달받아 이를 시행했다.

다음에 인용한 〈보고서〉와 〈지침〉을 살펴보면 일본군의 동학군 학살에 따른 병력증파 등 조선침탈이 정확한 정보와 일본 정부의 치밀한 작전에 따라 진행되었음을 알 수 있다.

다음은 1894년 10월 21일 주한 임시대리공사 스기무라가 외무대신 무쓰 무네미쓰에게 보낸 보고서다.

기밀제205호 본124(機密第205号 本124)

동학당 진압을 위한 원병파견 결정(東学党 鎮圧을 위한 援兵派遣 決定)

이 나라 경상·전라·충청 3도에서 동학당이 다시 봉기한 데 대해 지난번부터 계속 전보품신을 드렸습니다만 요즘에 와서 동학당의 기세가 더욱 창궐하여 끝내는 경성에까지 쳐올라올 것 같은 형황形況이 현저하게 나타난 모양이므로 이 나라 정부의 제 대신 특히 개화파 인사들이 극심한 공포에 빠져 자주 우리에게 원병차견을 요청해왔습니다.

　그래서 계속 전보품신을 드린 끝에 재용산 병참부 소속 수비병 중에서 파견키로 결정을 보게 되었으므로 원병청구의 건으로 새삼 다시 공문으로 외무대신께 말씀드렸습니다. 그런데 대원군께서는 그전에도 보고 드린 바와 같이 처음부터 우리에게 원조를 요청하는 것은 물론 자국의 군대로 정토征討하는 것마저 그다지 원치 않는 것 같은 눈치여서 갑자기 결말이 나지 않을 것 같았습니다.

　그래서 외무대신과 기타 인사와도 내적으로 타협을 본 다음 새삼 다시 이쪽에서 동학당 폭거의 사정을 이대로 내버려둘 수 없어서 우리가 원조하기 위해 출병하게 되었다고 별지갑호 사본과 같은 조회를 보냈던 바 이에 대해 외무대신이 동당의 소행을 그대로 방치해둘 수 없어서 드디어 진무 차 출병하게 되었으니 동심협력의 원조를 해주기 바란다고 별지 을호와 같은 회답을 해왔습니다.

　그래서 지난 17일을 기해 재 용산수비대 중에서 2개 소대만을 출동시켰습니다. 단 부산 방면으로부터는 현재 적정賊情을 정찰 중이어서 그 정찰 결과에 대한 상세한 보고를 접한 다음에야 2개 소대를 파견하게 될 것이라고 무로타 총영사로부터 전보가 왔습니다.

이상 개략적인 전말을 말씀 드립니다.

1894년 10월 21일

임시대리공사 스기무라

_《주한일본공사관기록 5》중에서[107]

주괴主魁가 된 최시형

다음은 1894년 11월 9일 이노우에 전권공사가 이토 병참감에게 보낸 기밀문건이다.

기밀 제210호

금일자 귀 서한을 받아보았습니다. 동학당 진정을 위해 파견하는 제19대대에 부여할 훈령과 일정표를 보내오니 일람하시고 또 별지와 같은 저의 의견을 첨부해서 보냈사오니 참고해주시기 바랍니다. 그리고 별지안 중 수정할 주요점은, 첫째, 우리 군대의 파견은 명분상 한국군을 응원하는 것으로 되어 있으나 실제로 조선군의 진퇴와 행동은 우리의 지휘 감독 하에 두게 해서 우리의 지휘에 복종케 할 것.

둘째, 우리 군대는 전라도 깊숙이 들어가서 그 도의 적도들의 근거지라 일컬어지는 남원 지방을 소탕할 것.

셋째, 적도들이 강원도와 함경도 및 경상도 3도 방면으로 도주하는 것을 엄히 방비할 것, 이 세 가지 점입니다.

그리고 셋째 점에서 염려하는 바는 만일 적도가 함경도로 도피해서 러시아 국경을 침범하는 일이 발생하여 장차 러시아와 조선 간에 곤란한 문제를 야기시키지나 않을까 염려하는 것이며 경상도는 적도가 이미 진정되고 잔당이 모두 전라도로 퇴산해서 사민의 생업에 복귀, 안주하고 있다는 통지가 어제 재 부산 무로타 총영사로부터 왔으므로 다시 그 곳을 교란당하지 않기를 바라는 것입니다.

그 나머지는 별지의 사연으로 양지하시기 바라며 또한 비도의 거괴巨魁들의 인명록은 당 공사관에서 조사한 것과 조선정부에서 조사한 것을 이미 보내드린 바 있으며 더욱이 동당에 관해 이 나라 군무대신 대리로부터 청취한 조목들은 추서로서 보내오니 파견할 각 부대장에게 시달해주시기 바랍니다. 그리고 또 조선정부에서 파견한 교도중대는 말씀해오신 바도 있으므로 이들을 양지에서 머무르게 하여 중로로부터 진군해가는 우리 중대를 기다리게 해서 모든 일을 협의한 후에 진군하라고 이곳 수비대 사령관이 시로키와 미야모토 두 위관에게 명령해두었다 하오니, 이 말을 우리 중대장들에게 시달해 주시기 바랍니다.

위 교도중대 외에 전후로 분산 파견된 조선군대도 편의에 따라 각도로 진군할 우리 군대사관의 지휘에 따라 행동시키도록 하는 것이 가장 긴요하다고 생각됩니다. 그래서 이를 위해 따로 4명의 조선통변을 준비시켜 우리 병사의 용무에 충당하도록 조선정부 당국자에게 말해두었사오니 이 일에 대해서도 역시 함께 시달해주시기 바랍니다.

이상 회답 삼아 말씀드립니다.

1894년 11월 9일

이노우에 가오루 전권공사

_위의 책[108]

이 훈령에는 〈추서追書〉라 하여 몇 가지 기밀을 전하고 있다.

1. 동학당의 거괴 최시형은 충청도 보은에 있으며 최법헌이라 불리어지며 동학교의 주괴이다. 동학교를 신봉하는 사람 가운데서는 첫째 가는 교주라 한다.

전녹두는 전숙명全叔明이라고도 부르며 폭도들의 대거괴이다. 현재 전주에 있으며 그 세력이 전주감사를 압도하고 있다고 한다.

임기준은 공주에 있으며 충청감사 박재순을 강박하여 공주가 거의 그의 수중에 있는 것 같다고 한다. 그래서 말하기를 금년 10월 초순 대원군이 그의 심복인 박준양 즉 박재순의 종형제를 공주로 파견한 뒤부터 그 감사가 약간 동학에 마음을 기울인 혐의가 있다고 한다.

위와 같은 사정이므로 기타 지방에서도 동학당과 내통하는 사람이 있을지도 알수 없으니 엄중히 조사해서 그 증거가 나타나는 사람이 있으면 지방관이라 할지라도 체포해서 송치해야 한다.

2. 경기도 여주 목사 이재구는 대원군의 일족으로 동학당과 동류라는 혐의가 있다. 의심되는 서류를 갖고 있으면 포박해서 송치해야 한다.

3. 전라도 동학당의 근거지는 남원이며 전주·장성·금구 지방은 모두 동학당이 둔집해 있는 곳이다. 또 여산 지방에도 동학당이 있다고 한다. 경상도 상주는 곧 전 경상도의 중심에 해당하는 곳이므로 동학당이 왕래하는 곳이라 한다.

4. 지방관으로의 동학당에게 살해된 사람은 태안·서산·진천 등의 부사들이다. 또 당진부사도 살해됐다는 풍설이 있다. 은진부사는 동학당에 잡혔다고 한다.

_위의 책[109]

'동학당 근거지 파괴' 지령 내리다

일본군은 동학군의 움직임과 지도자들의 거처를 손바닥처럼 훤히 들여다보고 있었다. 따라서 동학군은 적에게 거의 모든 정보를 노출시킨 가운데 힘겨운 싸움을 해야 했다.

다음은 동학군 학살을 위해 파견되는 일본군 대장들에게 인천 주재 일본병참사령관이 부여하는 훈령이다.

훈 령

1. 동학당은 현재 충청도 충주·괴산 및 청주 지방에 군집해 있고 그 여당은 전라·충청 양도소재 각지에 출몰한다는 보고가 있으니 그 근거지를 찾아서 이를 초절할 것.

2. 조선정부의 요청에 따라 후비보병 제19대대는 다음 항에서 가리키는 3로로 나누어 진군하고 조선군과 협력해서 연도에 소재하는 동학당의 무리를 격파, 그 화근을 초멸해서 재흥再興의 후환을 남기지 않음을 요함. 그리고 그 수령으로 인정되는 자는 포박해서 경성 공사관으로 보내고 더욱이 동학당들의 왕복서류와 거괴들의 왕복서류 또는 정부부내의 관리나 지방관 혹은 유력한 계통에서 동학당과 왕복시킨 서류는 힘을 다해 이를 수집하여 함께 공사관에 보낼 것.

그러나 협박에 못 이겨 따른 자에 대하여서는 그 완급의 정도를 헤아리고 귀순해오는 자는 이를 관대히 용서하여 굳이 가혹하게 처분하는 것을 피할 것. 단 이번에 동학당 진압을 위해 전후로 파견된 조선군 각 부대의 진퇴와 군수품조달은 모두 우리 사관士官의 지휘명령에 복종케 하고 우리 군법을 준수케 할 것이며 만일 위배하는 자가 있으면 군율에 따라 처분될 것이라고 조선정부로부터 조선군 각 부대장에게 시달되어 있다 하니 조선군의 진퇴는 모두 우리 사관들이 지휘 명령할 것.

3. 보병 1개 중대는 서로 즉 수원·천안 및 공주를 경유해서 전주부가도로 전진하고 그 도로 좌우에 있는 영읍을 정찰할 것이며 특히 은진·여산·함열·부안·금구·만경·고부·흥덕 지방을 엄밀히 수색하고 더 전진해서 영광·장성을 경유해서 남원으로 진출, 그 진로에 있는 좌우의 역읍을 정찰할 것이며 남원 정찰은 각별히 엄밀히 할 것.

보병 1개 중대는 동로(우리 군의 병참노선) 즉 가흥·충주·문경 및 낙동을 경유해서 대구부 가도를 전진하고 그 진로 좌우에 있는 각 역읍을 정찰할 것이며 특히 음성·괴산·원주·청풍은 수색을 엄밀히 할 것.

각 중대는 될 수 있는 대로 서로 기맥을 통하고 각 처에서 가능한 한 합동으로 초절하는 방략을 취해서 함께 그 초절의 실효를 거두도록 할 것.

각 중대는 적의 무리를 초토해서 그 여진을 볼 수 없을 정도가 되면 경상도 상주에 집합해서 후명을 기다릴 것. 대대본부는 중로 분견대와 함께 행진할 것.

4. 각로로 나누어 진군하는 중대는 대략 별지 일정표에 준거할 것이며 동로 중진중대는 약간 먼저 보내서 비도를 동북쪽에서 서남으로, 즉 전라도 방면으로 구축하도록 노력할 것. 만일 비도들이 강원·함경도 방면, 즉 러시아 국경에 가까운 지방으로 도주하게 되면 후환을 남기는 일이 적지 않을 것이니 엄히 이를 예방할 것. 단 될 수 있는 한 서로 연락을 취하고 각기 그 소재를 알리도록 꾀할 것.

5. 각 분진중대에는 조선 조정에서 진무사와 내무관리 등을 따르게 하였음.

진무사는 각지에서 감사와 부사를 독려하고 동학당에 대하여는 순역을 설명해서 이해득실을 일깨워주어서 그들로 하여금 반성 귀순케 하는 일을 전임으로 함.

내무관리는 각 중대를 수행해서 대장의 명을 받들고 연도 각처에서 양식과 기타 군수품을 조달, 인마의 고용과 숙사 제공 등을 알선해서 각 중대의 요구를 충족하는 것으로 임무를 삼음.

6. 각 중대는 3일분의 양식과 2일분의 휴대 구량口糧 및 취사도구 등을 휴대하고 갈 것이며 이를 위해 견마 약간을 따르게 함.

단 나날의 양식과 여러 물자는 가능한 한 현지에서 조달하고 만일 휴대하고 간 양식과 물자가 소진되었을 때는 힘써서 신속하게 현지의 물자를 사서 보충함이 긴요함.

7. 동학당 진무에 관한 제 보고는 대대장과 각 분진 중대장으로부터 수시로 본관에게 보낼 것(본관은 인천병참사령부에 있겠음).

_위의 책[110]

몇 해 전 일본은 문부성의 종용으로 개정된 각종 교과서에서, 중국 난징학살을 가볍게 기술하거나 심지어 부인하고 있다. 이에 대해 난징기념관은 만인갱유지 万人坑遺址에서 발견된 탄피·포신·일기·생존자증언 등 2,000여 종에 이르는 새 발굴 사료를 증거로 일제의 난징대학살의 역사적 진실을 증명했다.

중국군사과학원 뤄환장羅煥章 교수는 〈일본우익과 정계요인은 왜 난징학살을 부인하려 하는가〉라는 논문에서 "난징대학살은 그 규모면에서 전례가 없는 것으로 독일의 유태인에 대한 학살을 능가한 것이다. 일본군은 중국의 수도에서 6주 동안에 30여만 명을 도살하고 대량의 가옥을 파괴했으며, 10여만 명의 부녀자를 유린하고 창고와 재물을 약탈했다. 이것은 세계적으로 유례가 없는 잔혹행위였다"고 지적했다.

이보다 못지 않는 일본군의 잔학행위가 한국에서 자행되었다. 일본은 동학군의 학살에 대해 대부분 이를 부인하거나 축소 왜곡하고 있다. 일본정부가 조직적으로 지휘 명령하여 학살한 동학농민군은 대체로 20~30만 명에 이른다.[111]

동학이 '척왜'를 내걸게 된 배경

동학혁명군이 거사를 하면서 척왜를 기치로 든 데는 그럴 만한 역사적·현실적 배경이 있었다. 일본의 약탈적인 양곡무역은 탐관오리의 수탈에 신음하는 농민들에게 설상가상, 이중삼중의 부담이 되고 있었다. 쌀의 일본 유출로 인한 물가의 앙등, 1889년 '조일통어장정' 이후 일본어선의 남획으로 우리 어족자원의 고갈 상태, 임오군병, 갑신정변과 관련한 정부의 거액의 배상금 지불 등은 대부분 농민의 조세 부담으로 돌아왔다.

1876년 강화도조약으로 일본에 개항한 이래 수많은 일본 상인들이 조선농촌에 침투하여 갖은 방법으로 쌀·콩 등을 매점하여 일본으로 실어갔다. 이 바람에 조선 농민들은 심한 식량난에 허덕이게 되었다. 강화도조약 이후 일본상품의 조선 진출은 급속도로 증가되어 상권을 장악하다시피 했다. 이에 따라 정부는 1889년(고종 26) 식량난을 해결하기 위해 곡물수출금지령을 내렸다. 이른바 방곡령防穀令이다. 방곡령이 실시되면서 일본의 상인들은 큰 타격을 입게 되었다.

이로써 두 나라 사이에 분규가 일어나자 정부는 서둘러 관찰사들에게 방곡령의 해제를 지시했다. 방곡령이 해제되고 일본에 배상금까지 지불하면서 일본상인들의 매점매석은 더욱 기승을 부리게 되고, 농민들의 생활고는 갈수록 어려워졌다.

일본 상인들은 매년 다량의 농산물, 특히 쌀·대두·소·쇠가죽·인삼·면화 등을 약탈해갔다. 1877년 후반기부터 1882년 전반기까지 5년간, 평균 농산물의 대일 수출액은 약 61만 엔이었지만 1891~1893년에는 약 789만 엔으로 늘어났다. 이 농산물 중에서 가장 큰 비중을 차지하고 있는 것은 쌀을 필두로 하는 곡물이었다.[112]

이런 상황에서 전국적으로 가뭄이 거듭되면서 사방에서 도적떼가 횡행하고 무장한 화적들은 닥치는 대로 노략질을 일삼았다. 전국 곳곳에 화적이 없는 곳이 드물게 되어 상화商貨의 유통이 막힐 정도에 이르렀다.

농민들은 더 이상 견디기 어려운 처지가 되었다. 이 무렵에 농민들 사이에 동학이 구원의 메시아로 다가왔다. 봉건적 신분제와 이중삼중으로 얽힌 수탈구조에서 해방을 약속하는 동학사상은 농민들의 소망을 반영하기에 모자라지 않았다. 당연하게 도인의 수가 늘어나고, 이들을 교화하기 위해서 여러 지역에 교단지부인 접소가 설치되었다. 최시형은 접주를 임명하여 지역 내의 교세확장과 교도의 교화에 힘쓰게 했다.

동학은 1860년에 창도된 이래 1864년 교조 최제우가 처형되는 등 정부의 극심한 탄압을 받아왔다. 1871년에는 이필제의 영해봉기에 연루된 혐의로 많은 교도가 박해를 받게 되었다. 동학의 교세를 크게 확장한 것은 2세 교조 최시형이었다. 최시형은 앞서 소개한 대로 관의 검거를 피해서 강원·경상도 산간 지역을 중심으로 은밀히 포교활동을 펴는 한편 1883년에는 공주 목천군에 《동경대전》의 간행소를 설치하면서부터 충청 지방에까지 교세가 확대되었다. 교세가 확장되자 전라도·경기도 지역에서도 신도들이 몰려들었다.

교세의 확대는 필연적으로 교단의 조직을 보다 체계적으로 정비하게 되는 계기를 만들었다. 그리고 수탈구조가 국내의 탐관오리들 뿐만 아니라 일본에도 많다는 사정을 깨닫게 되고 '척왜'를 시대정신으로 인식하게 되었다.

동학교단은 1892년 교조신원운동을 전개할 때부터 척왜척양을 내걸었다. 특히 호남 지방의 도인들은 1893

년 2월 전라 감영에 제출한 소장에서 다음과 같이 척왜의 이유를 제기했다.

이제 왜양倭洋의 적이 심복에 들어와 인란人亂이 극에 달하였다. 우리의 국도国都는 이미 이적夷狄의 소굴이 되었다. 가만히 생각컨대 임진년의 원수와 병자년의 치욕을 어찌 차마 말할 수 있고, 어찌 차마 잊을 수 있을까. 지금 우리나라 삼천리 강토가 짐승의 근거지가 되어 오백 년 종사가 장차 망하고 그 러전이 기장밭이 되고 말 것이니, 인의예지 효재충신은 이제 어디에 있을까.

하물며 왜적이 뉘우치는 마음이 없이 재앙을 일으킬 마음만을 품고 있어 바야흐로 그 독을 뿌려 위험이 닥쳐왔는데도 불구하고 이를 대수롭게 여기지 않고 별일 없다고 하는데, 지금의 형세는 장작불 위에 있는 것과 다른 것이 무엇일까.

_《일본외교문서 5》 중에서[113]

농민자치기관 '집강소' 설치

동학혁명군 지도부(남접)는 각 군현에 집강을 임명하고 이들이 지역에서 집강소를 설치하도록 했다. 전주에는 총본부인 대도소大都所를 두고 전라도 53개 군현의 관청 안에 집강소를 설치했다. 농민이 직접 참여하는 일종의 민정民政 기관이었다.

집강소에는 책임자인 집강 밑에 서기書記·성찰省察·집사執事·동몽童蒙 등의 임원을 두어 행정사무를 맡게 했다. 호남 일원에 정부의 행정관청 안에 동학농민군의 집강소가 설치되었다. 형식상으로는 이원화된 조직이었지만, 실제로는 동학농민군이 통치의 중심이 되었다. 피신했다가 돌아온 수령들은 형식상으로 자리를 지키고 있었을 뿐이었고, 군현의 이서(吏胥, 지금의 말단행정직 공무원)들까지 동학에 입적한 경우에만 행정사무를 맡겨서 실질적으로 동학혁명군에 의한 통치가 이루어졌다.

집강소는 동학혁명 이전부터 향촌사회에 있어왔던 민간의 자치기관이었다. 글자 그대로 지역사회의 '기강'을 바로잡는 민간조직체이다. 1860년 전라도 구례에서 간행된《봉성현지鳳城縣志》의 향규鄕規에는 "향청鄕廳에서 과실을 범하거나 폐단을 일으키면 집강이 보고 들은 바를 문서로 적어 관청에 제출하도록"되어 있다. 전통적으로 향촌사회에는 집강이 있어서 그 지역사회의 기강을 유지하기 위한 역할을 맡고 있었음을 알 수 있다. 경상도 안동에서도 비슷한 사례의 기록이《안동부읍지安東府邑誌》에 나타난다.

동학농민군에 의한 집강소의 설치와 집강소의 농민 통치는 비록 전라도 53개 군현의 일부 지방에서의 일이지만 한국 역사상 처음으로 농민이 권력을 장악하고 농민을 위한, 농민에 의한, 농민의 정치를 실행했다는 면에서 한국근대사에서 매우 특이하고 획기적인 사실이라고 하지 않을 수 없다. 또한 집강소의 농민통치의 내용과 성격 여하에 따라 갑오농민전쟁의 역사적 성격이 좌우되는 측면이 매우 크기 때문에 동학농민군의 집강소는 반드시 심층에서 밝히지 않으면 안 될 한국근대사의 매우 중요한 연구과제라고 할 수 있다.[114]

집강소 12개 조 행정요강

① 도인(동학교도)과 정부와의 사이에 오래 끌어온 혐오의 감정을 씻어버리고 모든 행정에 협력할 것.

② 탐관오리는 그 죄목을 조사해 내어 일일이 엄징할 것.

③ 횡포한 부호들은 엄징할 것.

④ 부랑한 유림과 양반은 징습懲習할 것.

⑤ 노비 문서는 불태워버릴 것.

⑥ 칠반천인七般賤人의 대우는 개선하고 백정 머리에 쓰는 평양립平壤笠은 벗겨버릴 것.

⑦ 청춘과부의 재가를 허락할 것.

⑧ 무명잡세는 모두 거둬들이지 말 것.

⑨ 관리의 채용은 지벌地閥을 타파하고 인재를 등용할 것.

⑩ 외적과 내통하는 자는 엄징할 것.

⑪ 공사채를 물론하고 기왕의 것은 무효로 돌릴 것.

⑫ 토지는 평균하게 나누어 경작케 할 것.

_오지영, 《동학사》 중에서[115]

동학군들은 비록 전주성에서 철수하면서 한때 패배의식에 빠지기도 했지만 각각 연고지를 중심으로 집강소 운영에 참여하면서 신바람이 났다. "농민군들은 무기를 돌려주고 때로 수십 명, 때로는 수백 명 씩 무리를 지어 각기 흩어졌다. 그러나 이들은 흩어질 적에도 온통 승리감으로 기세가 높았지 결코 패배하여 잔병殘兵으로 고향에 기어드는 모습이 아니었다. 앞에서는 칼춤을 추며 대열을 이끌었고 뒤에서는 농민군들이 검가劍歌를 부르며" 뒤따랐다.[116]

각 군현에 설치된 집강소는 '관민합작'의 성격을 띠고 있었다. 전봉준이 전라관찰사 김학진의 초청으로 전주 감영에 들어가서 '관민상화지책官民相和之策'을 논의할 때 각 군현에 집강소를 설치하기로 합의했던 것이다.

집강소가 순전히 전봉준의 제의로 설치하게 된 동학농민군의 자치기관인가, 관민합의에 의한 합작기관인가는 논란의 여지가 없지 않다.

① 집강소 설치와 관련하여 5월 7일 '전주화약'에서 전라관찰사와 농민군이 합의한 것은 동학농민군이 전주를 관군에 내어주고 자진 해산하여 각각 자기의 출신 지역에 돌아가는 대신 동학농민군은 '면리집강面里執綱'을 임명하여 관변측이 폐정개혁을 단행하는 것을 지켜보기로 한 것인데, ② 5월 8일부터 동학농민군은 귀향하자 무기를 풀고 농민군을 해산한 것이 아니라 무장한 채 농민군을 그대로 유지하면서 제1차 농민전쟁 때의 농민군의 '군郡' 수준의 '집강' 임명의 예에 따라 전라도의 다수 지역에 '군집강소'를 설치했으며, ③ 농민군 측과 양반관료 사이의 대립과 투쟁이 격화되고 첨예화되자 6월에 전라감영에 초청하여 관민상화지책을 의논한 결과 전봉준 측의 제의에 따라 이미 다수 설치된 '군집강소'를 사후적으로 추인하여 합법화시켜주고 도내 행정의 질서를 수립하는데 동학농민군의 협력을 얻으려고 했다는 사실이다.

_신용하, 《동학과 갑오농민전쟁연구》 중에서[117]

동학지도부가 제안하여 설치한 것을 관측에서 동학농민군의 협력을 얻고자 사후적으로 추인했다는 주장이다. 동학군이 호남 지역 53개 군현에 설치·운영한 집강소는 우리나라 최초의 농민자치기구였다. 이것은 프랑스혁명 후 1871년 '빠리꼼뮌'에 비해 13년 뒤의 일이지만 세계사적인 변혁운동이다. 프랑스의 《인민의 외침 Le cri pu peuple》은 〈축제La fête〉라는 표제의 논설에서 이렇게 쓰고 있다.

꼼뮌이 선언되는 날, 그것은 혁명적이고 애국적인 축제의 날, 평화롭고 상쾌한 축제의 날, 도취와 장엄함 그리고 위대함과 환희에 넘치는 축제의 날이다. 그것은 1792년의 사람들을 우러러본 나날에 필적하는 축제의 하루이며, 제정 20년과 패전과 배반의 여섯 달을 위로해준다. (…) 꼼뮌이 선언된다.

오늘이야말로 사상과 혁명이 결혼하는 축전이다. 내일은, 시민병 제군, 어젯밤 환호로 맞아들여 결혼한 꼼뮌이 아기를 낳도록, 항상 자랑스럽게 자유를 지키면서 공장과 가게의 일터로 돌아가야 한다. 승리의 시詩가 끝나고 노동의 산문이 시작된다.

_노명식,《프랑스 혁명에서 빠리 꼼뮌까지》중에서[118]

다시 쫓기는 신분으로

의암 손병희에게 도통을 넘기다

왜적에는 한없이 무력한 정부가 동족에게는 가없이 잔혹했다. 일본군의 포악무도한 살상행위로 동학군이 패퇴하고 그 지도자들이 속속 붙잡혔다. 더러는 거액의 현상금과 감투에 눈이 먼 동족의 밀고로, 또는 동지의 배신으로 일본군이나 관군에 검거되었다.

김개남은 붙잡혀 서울로 압송 도중에 살해되고, 전봉준·손화중·최경선·김덕명 등은 일본군이 주도하는 허울뿐인 재판 끝에 피살되었다. 동학혁명으로 도망갔던 각지의 지방관(수령 방백)들은 다시 복귀하여 혹심한 보복을 일삼았다.

각 군 수재가 다시 정권을 잡음에 도인을 죽임으로써 일을 삼으니 그 목 베어 죽임, 목매어 죽임, 땅에 묻어 죽임, 태워 죽임, 총을 쏘아 죽임, 물에 던져 죽임의 참혹한 현상과 그 부모·처자·형제가 얽히게 되어 벌을 받음과 그 가산, 밭과 땅, 가축을 몰수함은 만고에 없는 큰 학정이더라.

_〈천도교서〉 중에서[119]

최재형은 용케 피신할 수 있었다. 지난날 오랜 기간 산간마을을 옮겨다니며 피신했던 것이 이번에도 큰 도움을 주었다. 충청도 영동을 거쳐 강원도 홍천에 이르렀다. 손병희, 손병흠 형제와 김연국 등이 항상 함께했다.

포덕 36년 을미(1895) 정월에 신사가 인제군 최영서 집에 숨어 사시며 손병희, 손병흠, 손천민, 김연국과 더불어 도의 이치를 강講하시다.

이때에 도의 두령으로써 직임을 맡은 자는 가히 한곳에 오래 머물지 못할지라. 신사가 명하여 각지에 피신케 하시다.

신사가 숨어 사실 때 따르는 자의 곤궁한 처지가 매우 심함으로써 근심하는 기색이 있거늘 신사가 말하기를 "군자가 환난에 처하여서는 환난의 도를 행하며 곤궁에 처하여서는 곤궁의 도를 행하나니, 우리들은 마땅히 하늘의 이치를 쫓을 따름이라" 하시다.

_위의 책[120]

관군과 일본군은 물론 지방 유학자들까지 최시형의 뒤를 쫓는 피신자의 신분으로 한 곳에 오래 머물 수 없었다. 7월에 인제군의 도인 최우범의 집에 머물면서 손병희에게 각별히 당부했다.

7월에 신사가 손병희에게 일러 말하기를 "지극한 정성으로써 공부하여 뒷날을 준비하라. 무릇 지극히 정성하는 자는 능히 하늘과 땅의 기를 마음으로도 보고 눈으로도 보느니라" 하시고 또 제자에게 일러 말하기를 "움직이거나 움직이지 않거나 말하거나 침묵하거나 이치에 부합한 것은 모두 강화降話의 가르침이니라" 하시다.

_위의 책[121]

여명이 얼마 남지 않은 것을 알고 오래전부터 후계자로 점찍은 손병희에게 '뒷날'을 준비하라고 이른 것이다. 그리고 최제우 교조가 자기에게 했던 대로 측근들이 한곳에 오래 있지 말고 피신하여 각자 몸을 지키라고 지시했다.

12월 인제에서 원주로 거처를 옮겼다. 이듬해인 1896년 5월 손병희에게 의암義菴이라는 도호道号를 내리고 비밀리에 충주에 가서 도인들을 위로하도록 했다. 그리고 핵심 측근들을 불러 동학의 도통을 의암에게 전하는 도명을 내렸다. 70세이던 1897년 12월이다. 1863년 36세에 1세 교조로부터 동학의 도통을 이어받은 지 34년만이다.

11일에 신사가 손천민은 송암松菴이라 김연국은 구암龜菴이라 도호를 주시고 거듭 의암 및 송암, 구암을 불러 자리에 앉게 하시고 손천민으로 하여금 붓을 잡아 "교화하고 훈육하여 교리를 전해주는 은혜를 지킨다"의 구절을 쓰게 하여 말하기를 "이는 나의 사사로운 뜻이 아니라 즉 하늘의 뜻에서 나온 바이다. 고로 너희들 세 사람이 마음을 합하면 천하가 이 도를 근심코자 할지라도 어찌하지 못하리라" 하시다.

_위의 책[122]

후천개벽의 시대가 온다

손병희에게 도통을 넘긴 최시형은 충주·음성·상주를 거쳐 홍천에 이어 다시 원주로 돌아왔다. 1898년 1월이다. 그동안 관졸들에게 정보가 알려지고 몇 차례 위기를 겪었으나 그때마다 용케 피할 수 있었다.

10월 28일은 최제우의 탄신일이다. 최시형은 피신 중에도 이날은 빠지지 않고 탄신향례를 지냈다. 원주에 머물 때 각지의 도인들은 위험부담을 마다하지 않고 최시형의 거처를 찾아왔다. 불원만리 찾아온 도인들과 법설을 나누었다. 사실상 마지막 법설이었다. 중후반 대목을 살펴본다.

대체로 개벽의 의의가 둘이 있으니 하나는 우주가 어떤 것이 섞여서 이루어진 본체로부터 하늘과 땅이 처음 쪼개어 갈라지고 사상四象이 생겨 만물이 각각 그 위치를 얻어 진화함을 의미함이오. 하나는 지금 시대 사람 마음을 여는 것을 지칭함이니. 대신사의 후천개벽설은 전혀 사람 마음의 진화를 이르심이니라.

생각하라. 물질 발명이 그 극에 달하고 따라서 만반의 일을 행함이 전에 없던 발달을 성취한 오늘에 도심道心은 더욱 미약하고 인심人心은 더욱 위태로워 할 바를 알지 못하며 더구나 사상계를 지배하던 과거 수많은 도덕이 시대의 순응에 짝하지 못하여 그 이면에는 대도의 운화運化가 널리 퍼져 일대 개벽의 운명이 저마다의 속에 배태된 까닭이라. (…)

또 식고食告의 뜻으로 설법하여 말하기를 "하늘은 만물을 만드시고 오히려 만물의 성性에 있으시니, 고로 만물의 정精은 즉 하늘이니라. 그런데 만물 중 가장 영적인 자는 사람이니 고로 사람은 만물의 주인이니라. 사람은 태어남으로만 사람이 되지 못하고 오곡백곡의 자양을 받아 그 영혼의 힘이 발달되는 것이라.

오곡은 천지의 살찌움이니 사람이 이 천지의 살찌움을 먹고 영혼이 있는 바이니, 고로 하늘은 사람에 의하고 사람은 먹음에 의하는 것이라.

"이 하늘로서 하늘을 먹는 주의 아래에 선 우리 무리는 반드시 이를 그 마음에 고하고 먹음이 어찌 적당하지 아니하랴. 하물며 먹는 것은 자양의 으뜸이 되고 동시에 만병의 근원도 되는 것이니, 화와 복의 뿌리가 이에 있는지라. 고로 하나하나 이를 마음과 하늘에 고하여 재앙을 피하고 복을 구함이 가하니라" 하시고,

또 약을 쓰지 않는 스스로의 효험의 이치로 설법하여 말하기를, "사람이 한갓 병에 약으로 다스림만 알고 마음으로 다스림은 알지 못하도다. 마음은 즉 한몸의 상제니 마

음이 화응하면 온몸이 영을 따르는지라. 고로 병이 걸리기 이전에 능히 병을 예방함도 마음에 있고 병이 걸린 후에 마음을 화응케 하면 정신의 통일이 생겨 심령의 감화가 이에 생기는 고로 만병이 스스로 고쳐질 것이며, 또 약을 쓸지라도 마음이 화응치 못하면 이는 약이 도리어 병을 도와주게 되느니라."

_위의 책[123]

원주에서 관졸들에게 체포되다

어떤 조직이나 기업(가업)을 막론하고 후계체제 과정은 말썽을 일으키기 마련이다. 국가기관의 경우는 임기제가 분명하지만 종교 교단이나 기업의 경우는 세습이 이루어지거나 형제자매끼리 혈투를 벌이고 법적 송사에 가기도 한다.

최시형이 1세 교조로부터 도통을 이어받을 때도 반발이 없지 않았다. 교조와의 인연과 연수, 한학의 능력을 제시하기도 했다. 이를 누구보다 잘 알고 직접 부딪혔던 그는 1897년 12월 24일 손병희·손천민·김연국 등 최측근을 불러놓고 "너희들 세 사람 가운데에 또한 주장이 없지 않을지라. 의암으로서 북접 대도주를 삼노라"고 '손병희 승계'를 분명히 했다.

23세에 동학에 입도하여 손병희와 함께 최시형의 고제高弟가 되었던 이용구李容九는 동학혁명 과정에 붙잡혀 투옥되었다가 곧 사면되어 동학을 진보회進步會라 고치고 송병준의 일진회一進會에 통합했다. 1905년 손병희가 동학의 전통을 이어 천도교를 포교하자, 이용구는 이에 맞서 시천교侍天教를 창설하여 교조가 되었다. 이용구는 일진회 회장을 맡아 한일합방을 제창하면서 총리대신 이완용과 소네 통감에게 〈한일합방 건의서〉를 올리는 등 배교와 매국에 앞장섰다. 후계자가 되지 못한 데 대한 앙심도 작용했을 것이다.

1898년 1월 관졸들이 최시형이 거처하는 곳에 들이닥쳤으나 손병희의 호통으로 물러갔다.

포덕 39년 무술(1898) 1월 3일에 신사가 몸의 병으로 인하여 침상에 누우시더니 이천군에 주재하는 병사와 여주군에 주재하는 병사 수십 인이 도인 권성좌를 결박하여 앞머리에 세우고 신사 집에 갑자기 들어와 수색하기를 매우(賣友, 자기의 이익을 위하여 친구를 배신)하는지라.

이때 신사가 의암, 구암 등에게 일러 말하기를 "사람의 죽고 사는 것이 명령이 있으리오. 즉 지극한 정성으로 하늘에 기도함이 가하다" 하시고 또 말하기를 "이 운이 만일 다

하였으면 끝이거니와 그렇지 않으면 반드시 재앙을 면할
방도가 있으리라" 하시고 여유롭게 베개를 높이 베고 편히
누우시더니 병예배兵隸背가 신사를 보지 못하고 다만 의암
을 향하여 따져 묻거늘 의암이 소리 높여 꾸짖어 병졸을 돌
려보내 하시다.

_위의 책[124]

관의 촉수가 임박하고 있었다. 거처를 옮기는 도중
에 정보가 새나갔을 것이다. 이곳을 떠나 홍천군 서면
제일동의 오창섭 집에 한 달 동안 머물다가 2월 그믐에
임학선의 주선으로 원주군 서면 송곡리 원진녀元鎭汝의
집으로 옮겼다.

4월 5일은 1세 교조의 득도일이었다. 동학에서는
가장 큰 기념일로 쳤다. 최시형은 기념행사를 준비하는
손병희·임순호·김연국·이병춘 등 간부들에게 "각자
집으로 돌아가 향례를 설비하라"고 일렀다. 이에 손병
희가 "비록 먼 곳에 있을지라도 반드시 모여 예식을 거
행하였거늘 하물며 이왕 모였던 자가 어찌 흩어져 가라
이까?"라고 했다.

이에 최시형은 "내 생각한 바 있으니 명을 어기지
말라"라고 말했다. 부득이 모였던 사람들이 모두 집으로
돌아가고, 다만 임순호와 임도여만이 남아 있었다. 4월

4일 밤에는 최시형은 밤이 깊도록 잠을 이루지 못한 채 적면히 홀로 앉아 있었다.[125]

최시형은 오랜 수도생활로 자신에게 닥친 운명을 알고 있었다. 그래서 도통을 넘기고 신변을 정리한 것이었다. 더 이상 피신할 곳을 찾기도 쉽지 않았다. 조직을 살리기 위해 최제우의 득도 기념행사에도(측근들에게) 피할 것을 명했다.

1898년 4월 6일 새벽 40~50명의 관졸이 원주 원진녀의 집에 나타났다.

신사가 밤이 새도록 조용히 홀로 앉아 기다리는 바 있으시더니 6일 새벽에 송경인이 병사를 이끌고 신사 집에 갑자기 들어오니 신사가 마침내 잡히게 되어 서울로 향하실 때 문막점에 이르러 제자 황영식이 물을 주고 뒤따르니 관례배가 어지러이 때리거늘 신사가 화난 목소리로 크게 꾸짖으면서 말하기를 "죄 없는 자를 때림이 도리어 죄가 되나니. 너희들은 저 하늘이 보는 것이 두렵지 않느뇨?" 하시니 이로부터 관례배가 감히 행패하지 못하더라.

_〈천도교서〉 중에서[126]

순도의 길에 서다

최시형, 사형선고를 받다

서울로 압송된 최시형은 광화문 경무청에 수감되었다가 서소문형무소로 옮겨졌다. 목에 무거운 큰 칼을 쓴 채 종로 공평동의 고등재판소에서 열 차례 재판을 받고 1989년 5월 30일 교수형에 처한다는 평결을 받았다. 죄목은 최제우와 같은 혹세무민·좌도난정하는 사교邪教를 폈다는 것이다.

최시형에 대한 재판은 1898년 2월 1일(광무 2) 서울 고등재판소의 검사시보 윤성설의 입회 하에 진행되었다. 재판관은 다음과 같다.

고등재판소	재판장	이유인
	판사	이인우
	판사	김기룡
	예비판사	조병갑
	예비판사	권재운
	주사	김낙헌

　여기서 주목되는 인물이 있다. 예비판사 조병갑이다. 동학혁명 발발의 직접 원인이 되었던 탐관오리의 상징 고부군수 조병갑이 처벌되기는 커녕 고등재판소 예비판사가 되어 동학혁명의 최고 지도자를 심판하게 된 것이다. '예비판사'는 유고시에 대타로 나서게 하는 자리가 아닌 권력층에서 파견한 일종의 감시병이었다.

　조병갑의 최시형 재판은 해방 후 친일·분단·외세를 등에 업은 이승만 세력이 1급의 독립운동가 백범 김구를 암살하고, 일본군장교 출신 권력자들이 광복군장교 출신의 민주화지도자 장준하를 암살한 사건처럼, 민족모순과 역사반역의 상징적인 비극에 속한다고 하겠다. 고등재판소의 〈판결문〉을 살펴보자.

　피고 최시형은 병인년(1866)에 간성에 사는 필묵 상인인 박춘만이라고 하는 사람에게 동학을 전수받아 선도善道로 병을 치료하고 주문呪文으로 신神을 내리게 한다고 하며 여러 군과 도를 두루 돌아다니면서 "시천주조화정영세불망만사지侍天主造化定永世不忘万事知"라는 13자의 주문과 "지기금지원위대강至気今至願為大降"이라는 8자 강신문降神文 및 동학원문東学原文의 제1편 포덕문·제2편 동학론·제3편 수덕문·제4편 불연기연문과 궁궁을을弓弓乙乙의 부적으로 인민을 선동하고 무리를 규합하였다.

또한 복주인 최제우의 "만년지상화천타万年枝上花千朶" "사해운중월일감四海雲中月一鑑"라는 싯구를 사모하고, 법형법제法兄法弟의 실심과 경신을 따라 법헌의 호를 부르며 해월의 인장을 새겨 교장·교수·집강·도헌·대정·중정 등의 두목頭目을 각 지방에 임명하였다. 또한 포와 회소를 설치하여 무리를 모았는데, 1천만 명에 이르렀다.

법에 따라 죽은 최제우를 신원한다고 하여 지난 계사년(1893)에 신도 몇천 명으로 대궐에 나아가서 상소를 올렸다가 바로 해산을 했고, 보은의 장내에 많은 무리를 모았을 때에 순무사의 선유 때문에 각자 해산했다.

갑오년(1894) 봄에 이르러 피고의 도당인 전봉준과 손화중 등이 고부 지방에서 같은 패를 불러모아 기세를 타고 일어나서 관리를 해치며 성과 진을 함락시켜 양호兩湖의 땅이 썩어 문드러져 불안한 지경에 이르렀다. 피고가 이때에 호응하여 지휘한 게 없다고 하지만 난리의 단계와 재앙의 근원을 살펴보면 피고가 주문과 부적으로 사람들을 미혹시킨데서 연유하였다.

_〈동학관련판결 선고서〉 중에서[127]

해월 최시형은 옥중에서 심한 설사 그리고 목에 씌운 무거운 칼로 반주검 상태에서도 시종 의연한 자세로 동학주문을 암송하는 등 조금도 굽히지 않는 모습이었다. 이미 생사를 뛰어넘어 초탈한 것이다. 5월 12일 법부대신 겸 평리원재판장 조병직과 수반검사 윤성선, 법부협판 겸 수반판사 주석면이 다시 법정을 열고 여러 차례 심문했다. 그리고 좌도난정률左道亂正律로서 사형을 최종 선고하기에 이르렀다. 최시형은 71세인 1898년 6월 2일(양력 7월 20일) 오후 2시 경성감옥에서 형장으로 끌려 나갔다. 〈처교죄인동학괴수최시형処教罪人東学魁首崔時亨〉이라는 팻말이 붙어 있는 교수대에 태연히 올랐다.

검사가 물었다. "마지막으로 할 말이 없는가?" "나 죽은 뒤 10년 이내에 동학의 주문 소리가 장안에 진동하리라." 1세 교조에 이어 똑같은 죄목으로 2세 교조가 목이 잘리는 참형을 당하게 된다. 세계 종교사에 일찍이 없는 일이다.

신사가 갇혀 있을 때에 북접 대도주와 박인호, 김연국

등은 숨어 있으면서 바깥의 일을 주선하고 오직 이종훈은 교졸 김준식과 더불어 형제의 의를 맺어 비밀리에 신사의 의복과 음식을 바치다가 신사의 병으로 인하여 삼탕蔘湯을 바치더니 신사가 형을 받으신 후 김준식과 꾀하여 밤을 틈타 비를 무릅쓰고 그 시체를 광희문光熙門 밖에서 거두어 여주 이상하李相夏 집에 이르니 이때 의암·구암이 여기서 기다리다가 같이 이상하의 산에 장사 지내다.

_〈천도교서〉 중에서[128]

실로 이 나라 역사상 드물게 보는 대혁명가요, 종교가요, 성자인 그의 넋을 받드는 장엄한 최후였다. 후대의 사람들이 그의 무덤을 찾을 때는 그가 남긴 시 한 수를 길이 상기할 것이다.

젊어서 무덤에 오니 청춘이 곡하고 少来墳典青春哭

늙어서 경륜이 가니 백마가 우는구나 老去経綸白馬嘶

_〈동학관련판결 선고서〉 중에서[129]

동학, 근대의 광장을 열다

우리 민족 종교로서의 동학도東学道는 창도자 수운

최제우의 동학 대각大覺과 그 초기 포덕 관계에서 이미 동학 교문의 접 조직이 만들어져 있었다. 그러나 그 도통을 이은 2세 교조 해월 최시형의 동학 교리 형성과 교문 형성·확대에 대한 초인적인 역할이 없었더라면, 오늘날의 민족종교 동학(천도교)으로의 발전과 근대 민족사의 주역을 담당했던 동학의 공헌은 있을 수 없을지도 모른다.

최제우는 창도로서 동학의 씨앗을 심었다. 그 고귀한 씨앗은 최시형의 '은도시대'에서 발아와 육성을 거쳐 숙성되어, 조선 왕조의 몰락기에 왕조사의 뒤를 이을 근대적 민족 주체 세력이 됨으로써 근대의 민족 융성기를 마련하는 데 정신사적 공헌을 했다고 평가된다.[130]

한국근대 민중운동의 기원은 최시형을 원류로 한다고 해도 과언이 아니다. 이 부분을 사회학자들이 놓치고 있는 것 같다. 최시형은 최제우의 순도 이후 1878년 개접제, 1884년 육임제를 마련하여 신도들을 전국적으로 조직하고 교리연구를 위한 각종 집회를 만들었다. 대단한 전략가이기도 하다.

이런 조직을 기반 삼아 1차로 1892년 11월 전주 삼례역에서 충청·전라도 관찰사에게 교조신원을 요구했고, 2차로 1893년 2월 동학간부 40여 명이 광화문에서 임금에게 직접 신원을 호소했다. 3차로 같은 해 3월 보은 장내리에서 수만 명의 교도가 집결하여 대규모 교조 신원의 시위를 벌였다. 이 같은 연속적인 집회는 유사 이래 없었던 일이다.

교조신원운동은 좁은 의미에서는 종교 내부의 행사 같지만, 봉건군주체제에서 다수의 피지배 민중이 집결하여 대정부 요구를 한다는 것은 당시에는 일종의 모반행위였다. 최시형은 '공개적 모반'을 시도하고, 이것은 민중들에게 근대적 시민의식을 일깨우는 계기가 되었다.

1789년 7월 14일 파리 시민들이 바스티유감옥으로 몰려가면서 앙시앙 레짐이 무너지기 시작했듯이, 동학의 신원운동은 동학혁명에서 만민공동회로, 그리고 3·1혁명과 4·19혁명·광주민주화운동, 6월항쟁, 촛불혁명으로 이어지는 민족운동의 거대한 에너지가 되었다.

그 중심에 동학이 있었고, 최시형의 리더십과 시대를 통찰하는 안목이 있었다. 교조신원운동이 촛불혁명의 발원지가 되고, 이것은 남북화해협력과 평화통일운동으로 이어져야 할 것이다.

생명사상의 원류, 동학

동학은 대단히 심오하고 원대한 민족종교사상이다.

하여 이를 압축하는 일은 쉽지 않다. 젊어서부터 통일운동·민주화운동에 이어 한살림운동을 주도해온 무위당 장일순은 최시형이 체포된 원주 출신으로 '살아 있는 해월'이란 말이 나올 만큼 최시형에 대해 연구하고 실천했다. 장일순이 동학의 '생명사상'을 설명한 것을 한 인터뷰어는 이렇게 정리했다.

동학은 물질과 사람이 다 같이 우주생명인 '한울'을 그 안에 모시고 있는 거룩한 생명임을 깨닫고 이들을 '님'으로 섬기면서侍 키우는養 사회적, 윤리적 실천을 수행할 것을 촉구하고 있다고 한다. 자연과 인간을 자기 안에 통일하면서 모든 생명과 공진화해가는 한울을 이 세상에 재현시켜야 할 책임이 바로 시천侍天과 양천養天의 주체인 인간에게 있다고 한다.

_송향숙, 〈늘 깨어 있는 사람〉 중에서[131]

장일순의 최시형에 대한 인식은 대단히 파격적이고 또한 사실적이다. "왜 그렇게 최시형 선생님을 중요하다고 생각하느냐"에 대한 답변이다.

최시형 선생님은 우리 민족의 거룩한 스승 아닙니까? 그분이 안 계셨다면 3·1만세운동이라든가 망국의 한을 갖

다가 어디에 기초하고 뭘 할 수 없지 않았겠습니까? 그분
이 계셨기에 손병희 선생이 계셨고, 또 3·1만세운동도 됐
고, 또 하나는 아시아에 있어서 뭐냐 하면 식민지 상황에
있던 중국이라든가 인도에도 커다란 각성운동을 준 게 아
닙니까? 그래서 최시형 선생이 대단한 분이라고 저는 생각
합니다.

_'장일순과 황필호의 대담' 중에서[132]

장일순이 동학의 최시형을 부활시킨 것은 호기심에
서 '역사인물 복원'의 차원이 아닌 그 정신과 철학을 복
원시키려는 데 목적이 있었다. 곧 생명운동이다.

동학사상을 단지 잊혔던 지식의 복원이라는 수준이
아니라 그것을 오늘날 가장 필요한 삶의 실천적 원리로서
살려낼 수 있었다는 점에 장일순의 커다란 공로가 있는지
도 모른다. 어떤 사상이건 그것이 살아 있는 것이 되려면
우리에게 사회적으로나 생태적으로나 건전한 삶을 꾸려
갈 수 있는 정신적 원리가 되어야 할 것이다.

장일순은 동학의 한울님사상을 사람과 사람, 사람
과 생명계의 모든 이웃들과의 조화로운 관계를 보증하
는 생명사상으로 읽어내고, 이것을 현실의 사회생활에
적용하여 한살림공동체운동으로 풀어냈다. 그렇게 하
여, 우리 나름의 가장 실질적인 녹색운동이라고 할 수

있는 새로운 사회문화운동으로서 한살림운동이 원주에서 처음 실천에 옮겨졌던 것이다.[133]

장일순은 동학의 경천·경인·경물의 정신을 현재화하는 것이 지구촌을 살리는 길이라 믿고, 이를 자신의 철학으로 정립하고 설파하고 실행했다.

동학의 2세 교조이신 해월 선생은 밥 한 사발을 알면 세상만사를 다 아느니라. 그런 말씀을 하셨어요. 의암 손병희 선생도 밥 한 사발은 백부소생百夫所生이라. 즉 많은 농민들이 땀흘려서 만든 거다, 그러셨어요. 그런데 사실은 사람만이 땀흘려서 만든 것이 아니라 하늘과 땅과 일체가 앙상블이 되어서, 하나로 같이 움직여서 그 밥 한 사발이 되는 거 아니에요? 그러니까 그 밥 한 사발은 우주적인 만남으로 되는 거지요.

한걸음 더 들어가보면, 해월 선생 말씀에 이천식천以天食天이라는 말씀이 있어요. 하늘이 하늘을 먹는다는 말이에요. 동학에서 일컫되 인내천이라, 그리고 사람만이 하늘이 아니라 곡식 하나도 한울님이다 이 말이야. 돌 하나도, 벌레 하나도 한울님이다 이 말이에요.

_장일순, 〈세상 일체가 하나의 관계〉 중에서[134]

동서양의 철학자·사상가 중에 하늘·사람·자연을

일체화시키고 이것을 공동운명체로 인식한 사람은 찾기 어렵다. 장자의 무위자연이나 루소의 자연회귀는 인간과 자연만을 화두로 삼았을 뿐 하늘(한울)은 배제되었다. 동학의 한울은 천리天理와 천기天氣를 포함한 것이다.

자본주의가 세계화된 지난 세기에 지구의 온도는 평균 1°C 이상 상승했다. 그런데 한반도는 '열 받을 일'이 왜 그리 많았던지 1.5°C가 상승하여 불안감을 떨치기 어렵게 한다. 올 여름의 이상고온이나 '온난화의 역설'인지 겨울의 한파는 생태계 파괴로 인한 지구온난화가 불러온 불길한 예측신호들이다.

공산주의 국가들도 별로 다르지 않았지만, 자본주의는 무한욕망과 무한경쟁을 본질로 하고 있다. 그래서 자연을 파괴하고 각종 화학물질을 대량 생산하면서 하늘·땅·바다(하천)을 오염시키고 지구를 사람이 살기 어렵게 만들었다. 자본주의가 체제경쟁에서는 현실공산주의에 승리했지만, 그 대가는 지구의 황폐화라는 무서운 업보를 지니게 되었다.

인간이 인간을 학대하고 착취하는 것이 자연법사상에 배치되듯이, 인간이 삶의 모태인 자연을 파괴하고 자연의 뭇 생명을 손상시키는 것은 천리에 역행하는 일이다. 인류는 지금도 여전히 경제발전과 성장이라는 구실로 산과 바다와 늪지를 파괴한다. 이명박의 4대강 파괴는 자연훼손의 일급 범죄에 속한다.

자연의 산물인 인간은 자연을 활용할 수밖에 없다. 하지만 최소화해야 한다. 무한대의 욕망과 편리주의가 산업화라는 이름으로 무차별적으로 자연을 파괴하다가 지금 자연으로부터 엄청난 보복을 당하고 있다. 인류사적인 재앙이다.

장일순은 늘 역설했다. 많이 늦기는 했으나 우리는 이제 새로운 길을 찾아야 한다고, 길은 멀리 있지 않다고, 동학의 시천주와 사인여천의 사상과 경천·경인·경물의 정신을 찾는다면 인간과 하늘, 사람과 자연이 동귀일체의 사회를 만들 수 있을 것이다라고, 인류·지구촌의 구원의 길이기도 하다라고.

장일순은 최시형이 체포될 때까지 석 달 동안 은거했던 원진녀의 집터를 찾아내 표지석을 세운 데 이어 체포된 현장에 추모비를 건립하고 1990년 제막식을 가졌다. 정부와 자치단체에서 해야 할 일을 한 것이다.

오석으로 만든 비석은 앞면에 "모든 이웃의 벗 최보따리 선생님을 기리고"라고 음각으로 쓰이고, 뒷면에 최시형의 요약한 생애 그리고 오석비 밑 하태下台의 전면에 "천지즉부모요 부모즉 천지니 천지부모는 일체야 天地即父母 父母即天地 天地父母一体也니라 해월 선생 법설에서"라고 새겨져 있다.

맺음말

최시형, 동학혁명지도자 서훈해야

정부는 2019년 동학농민혁명을 국가기념일로 지정하고 그해에 기념식을 거행했다. 그리고 이날 각지에서 동학농민혁명을 기리는 행사가 열렸다. 1894년 동학농민혁명이 일어났다. 1차동학농민혁명이 반봉건·반부패 운동이었다면 2차동학농민혁명은 척왜척양의 항일구국의 반외세투쟁이었다.

그런데 대한민국 정부는 항일투쟁을 전개한 최시형·전봉준·김개남 등 2차동학농민혁명 지도자들에게 아직도 독립유공 서훈을 하지 않고 있다. 정부의 잘못

된 점을 지적하고자 한다.

2차동학농민혁명은 일본군의 경복궁 점령이 계기가 되어 발발했다. 1894년 7월 23일 일본군이 경복궁을 점령하고 고종을 겁박하여 포로로 삼고 친일정권을 강요했다. 일제가 본격적으로 조선의 국권을 침탈한 사건이다. 일본군은 청일전쟁으로 청나라 군대를 조선에서 몰아내고, 동학농민군을 학살하면서 조선 지배를 확고히 하고자 했다. 동학지도부는 조선이 일본에 지배되지 않으려면, 침략자 일본군을 이 땅에서 몰아내기로 결정했다.

전봉준은 일본군의 경복궁 점령 소식을 같은 해 8월 전라도 남원 땅에서 들었다. 그는 일본군을 몰아내고자 1894년 10월 8일 전라도 삼례에 대도소를 설치하고, 동학농민군에게 다시 봉기할 것을 촉구하는 통문을 보냈다. 그러자 4천여 명의 동학농민군이 모여들었다. 이후 전봉준은 동학농민군을 이끌고 북상했다. 동학의 2세 교조 최시형은 10월 16일에 충북옥천 청산 문바위골에서 북접의 동학도에게 일본군을 몰아내라는 총기포령을 내렸다.

1894년 10월 27일 일본의 수상 이토 히로부미가 히로시마 대본영에서 병참총감 가와카미 소로쿠와 상의하고 조선의 동학농민군을 "모조리 죽이자"라는 살육전을 결정했다. 이날 밤 대본영에 있던 가와카미 병참총감이 "향후 동학당을 모조리 살육할 것"이라는 훈령을 조선에 있는 일본군 남부병참감부와 인천병참감부에 내렸다.

같은 해 11월 7일 동학농민군 학살전담 현지사령관인 미나미 고시로가 인천병감부에서 이토 스케요시 사령관으로부터 "동학당을 죽여 없애라. 조선 군인(관군)을 지휘하라"는 훈령을 받는다. 11월 12일 미나미 고시로는 3개 중대를 이끌고 용산을 출발하여 한강 이남으로 내려가, 동학농민군을 대대적으로 학살했다. 학살은 이듬해 2월 21일 대둔산 전투에 이르기까지 계속되었다. 일본군에 의해 20~30만 명에 이르는 동학농민군이 학살되었다.

남접의 전봉준과 최시형의 명을 받은 북접의 손병희는 1만여 명의 동학농민군을 이끌고 11월과 12월에 걸쳐 일본군과 일본군 편에 선 관군을 상대로 공주에서 최대의 전투(우금치전투가 대표적이다)를 치렀으나, 화력의 열세로 패배했다. 12월 2일 밤에 전봉준은 순창 피노리에서 체포되었다. 미나미 고시로는 12월 14일 나주 초토영에서 전봉준을 취조하고, 1895년 1월 20일 서울 일본영사관 순사청에 수감했다.

재판이 진행될 때, 전봉준은 "일본은 곧 우리의 적국이다"고 말하고 척왜를 봉기 이유로 댔다. 전봉준은 3월

30일 의금부 전옥서에서 교수형이 집행되어 순국한다. 김개남은 재판도 없이 참수되었다.

2004년 '동학농민혁명 참여자 등의 명예회복에 관한 특별법'이 국회에서 통과됐다. 이 법은 대한민국 정부가 동학농민혁명 참여자들의 명예회복에 앞장선다고 밝히고 있다.

'독립유공자예우에 관한 법률' 제4조에 따르면, "일제의 국권침탈 전후로부터 일제의 국권침탈을 반대하거나 독립운동을 위하여 일제에 항거하다가 그로 인하여 순국한 자(순국선열)"는 독립유공자가 된다. 이 법률에 의거하여, 1894년 일본군의 경복궁 점령과 명성황후 살해에 맞서 항거하다가 순국한 을미의병 참여자들은 독립유공자로 서훈되었다. 을미의병 참여자였던 류인석, 이소응 선생이 독립유공자로 서훈된 것은 당연하다.

정부는 2차동학농민혁명의 지도자 최시형·전봉준·김개남 등에 대해 현재까지 독립유공 서훈을 하지 않고 있다. 1894년 일본군을 몰아내기 위해 일어난 2차동학농민군이 일본군에 맞서 싸우다가 순국한 까닭에, 해당 법률대로 독립유공 포상을 하는 것이 마땅하다. 이제라도 국가보훈처는 최시형·전봉준·김개남 등 2차동학농민혁명 지도자들에게 독립유공 서훈을 했으면 한다.

1 〈삼경〉,《해월신사법설海月神師法說》

2 이돈화,《천도교 창건사 제2편》, 71쪽, 천도교중앙종리원, 1933

3 위의 책, 7쪽.

4 윤석산, 〈해월 최시형의 서소문옥중생활과 처형과정〉,《동학학보》제38호, 68쪽, 2016

5 〈포덕문〉,《동경대전》

6 최정간,《해월 최시형가의 사람들》, 41쪽, 웅진출판, 1994

7 위의 책, 44쪽.

8 부산예술문화대학 동학연구소 편,《해월 최시형과 동학사상》, 296쪽, 예문서원, 1999

9 최정간, 앞의 책, 51쪽.

10 이세권 편,《동학사상》, 94쪽, 경인문화사, 1987

11 윤석산, 〈해월신사의 생애와 리더십〉,《해월신사순도 120주년 옥천학술대회》, 천도교중앙총부, 2018

12 위의 책.

13 한국동학학회 편집부, 〈동학의 문화유적순례 1〉,《동학연구 8》, 238쪽, 2001

14 《최선생문집도원기서(崔先生文集道源記書)》; 윤석산,《도원기서》, 모시는사람들, 2012에서 발췌.

15 표영삼,《동학 1: 수운의 삶과 생각》, 233~234쪽, 통나무, 2004

16 〈전봉준 공초 재초문목〉,《동학란기록 하》, 536쪽, 1895. 2. 11.

17 박맹수, 〈동학과 동학농민혁명 연구에 대한 재검토〉,《동학연구 9·10》, 115쪽, 2001

18 표영삼, 앞의 책, 27쪽.

19 최동희, 《민중의 메시아 해월 최시형》, 56~59쪽, 태극출판
    사, 1970

20 《최선생문집도원기서》; 앞의 책.

21 〈시문편〉, 《동경대전》

22 김삼웅, 《수운 최제우 평전》, 236~237쪽, 두레, 2000

23 이이화, 〈최시형〉, 《인물 한국사》, 258쪽, 한길사, 1988

24 윤석산, 〈해월신사의 생애와 리더십〉, 《해월신사순도 120주
    년 옥천학술대회》, 38쪽, 천도교중앙총부, 2018

25 위의 책, 26~27쪽.

26 〈대인접물〉, 《해월신사법설》

27 오지영, 《동학사》, 102쪽, 문의각, 1938

28 《최선생문집도원기서》; 앞의 책, 121쪽.

29 이이화, 앞의 책.

30 윤석산, 《초기동학의 역사》, 123쪽, 신서원, 2000

31 위의 책, 147쪽.

32 윤석산, 〈해월 최시형의 신앙운동〉, 《해월 최시형과 동학사
    상》, 144쪽, 예문서원, 1999

33 최동희, 앞의 책, 156~157쪽.

34 윤석산, 〈해월신사의 생애와 리더십〉, 《해월신사순도 120주
    년 옥천학술대회》, 29쪽, 천도교중앙총부, 2018

35 박맹수, 〈동학혁명의 문화사적 의미〉, 《문학과사회 25》, 290
    쪽, 문학과지성사, 1994

36 이이화, 앞의 책, 259쪽.

37 윤석산, 앞의 책, 28~29쪽.

38 이이화, 앞의 책, 29쪽.

39 윤석산, 《초기동학의 역사》, 269쪽, 신서원, 2000

40 정재호, 〈동학경전과 동학가사연구〉, 《동학연구 8》, 31쪽,
    한국동학학회, 2001

41 위의 책, 33~34쪽.

42 오지영, 앞의 책, 120쪽.

43 한구근,《전정판 동학과 농민봉기》, 67~68쪽, 일조각, 1994

44 김구,《김구 자서전 백범일지》, 28쪽, 국사원, 1947

45 위의 책, 30쪽.

46 위의 책, 31~32쪽.

47 위의 책, 33~34쪽.

48 표영삼,《동학의 발자취》, 364쪽, 천도교종학대학원, 2003

49 오지영, 앞의 책, 70~71쪽.

50 신복룡,《개정판 동학사상과 갑오농민혁명》, 128쪽, 선인, 2006

51 위의 책, 130~131쪽.

52 오지영, 앞의 책, 78~80쪽에서 발췌.

53 표영삼, 앞의 책, 409~410쪽에서 재인용.

54 위의 책, 410~411쪽에서 재인용.

55 의암손병희기념사업회,《의암 손병희선생 전기》, 90~91쪽, 의암손병희기념사업회, 1967.

56 임형진,《동학의 정치사상》, 59쪽, 모시는사람들, 2002

57 장일순,〈시侍에 대하여〉,《한살림 1》, 69~70쪽, 1990

58 〈양천주〉,《해월신사법설》

59 위의 책.

60 위의 책.

61 위의 책.

62 허호익,〈해월 최시형의 천지인 삼경론과 천지인의 신학〉, 《한국기독교신학논총 27》, 453쪽, 한국기독교학회, 2003

63 소천,〈삼경가〉,《신인간 27》, 28쪽, 신인간사, 1963

64 오문환,《동학의 정치철학》, 206쪽, 모시는사람들, 2003

65 최준식,《개벽시대를 여는 사람들》, 79~81쪽, 주류성, 1998

66 〈십무천〉,《해월신사법설》

67 허호익, 앞의 책, 445쪽.

68 최준식, 앞의 책, 97쪽.

69 위의 책, 103쪽.

70 임형진, 앞의 책, 73~74쪽에서 발췌.

71 《경국대전經國大典 5》, 형전刑典 소면조.

72 〈취어聚語 2권〉, 《동학농민 전쟁사료 총서》, 사운연구소, 1996

73 최동희, 앞의 책, 315쪽.

74 목정균, 〈동학운동의 구심력과 원심작용〉; 이현희 편, 《동학 사상과 동학혁명》, 234쪽, 청이출판사, 1984

75 오문환, 앞의 책, 198~199쪽.

76 한우근, 〈동학의 리더십〉, 《백산학보 8》, 500쪽, 백산학회, 1970

77 최준식, 앞의 책, 91쪽.

78 위의 책, 93쪽.

79 표영삼, 앞의 책, 407~408쪽.

80 규장각 소장 〈동학문서〉; 위의 책, 345~346쪽에서 발췌.

81 위의 책, 346~347쪽에서 발췌.

82 역사학연구소, 《함께 보는 한국 근현대사》, 39쪽, 서해문집, 2005

83 아리스토텔레스, 《정치학〉; 한용희, 《혁명론》, 10쪽, 일조각, 1974에서 발췌

84 역사학연구소, 앞의 책, 47쪽.

85 최동희, 앞의 책, 319~320쪽.

86 최기성, 《동학과 동학농민혁명운동연구》, 175쪽, 서경문화사, 2002

87 〈석남石南 역사소설 – 박씨정기定基역사〉, 《한국학보 71》 부록, 8쪽, 일지사, 1993

88 이이화, 〈전봉준과 동학농민전쟁 ①〉, 《역사비평》, 226~229쪽, 1989년 겨울호

89 사회과학원역사연구소 편, 《조선근대혁명운동사》, 76~77쪽, 한마당, 1988

90 천도교사편찬위원회, 《천도교백년약사 上》, 250쪽, 천도교

중앙총본부, 1981

91 오지영, 앞의 책, 243~245쪽, 《동학혁명백주년기념논총(상)》, 549쪽, 동학혁명100주년기념사업회, 1994

92 이돈화, 《천도교 창건사 제2편》, 65쪽, 천도교중앙종리원, 1933

93 위의 책, 66쪽.

94 이수광, 《우리도 몰랐던 근대사의 비밀》, 290쪽, 북오션, 2014

95 우윤, 《전봉준과 갑오농민전쟁》, 238쪽, 창작과비평사, 1993

96 동학농민혁명기념재단 편, 〈시천교종역사〉, 《동학농민혁명 국역총서 11》, 281쪽, 동학농민혁명기념재단, 2013

97 김삼웅, 《개남, 새 세상을 열다》, 134~135쪽, 모시는사람들, 2020

98 우윤, 앞의 책, 268쪽.

99 이복영, 《남유수록南遊隨錄》, 갑오 2월 20일.

100 최현식, 《갑오동학혁명사》, 63쪽, 금강출판사, 1980

101 김삼웅, 《녹두장군 전봉준 평전》, 190~191쪽, 시대의창, 2007

102 오지영, 앞의 책, 165쪽.

103 이돈화, 앞의 책, 66~67쪽.

104 성주현, 《손병희》, 104쪽, 역사공간, 2012

105 이이화, 앞의 책, 335~336쪽.

106 《현양사사사玄洋社史》에는 다나카 시로 등 3인이 전봉준의 군사로, 그리고 나머지 멤버들은 동학군의 대장 또는 부장으로 임명되어 동학군을 지휘했다고 기록되어 있다.

107 《주한일본공사관기록 5》, 국사편찬위원회, 64쪽.

108 위의 책, 65쪽.

109 위의 책, 66~67쪽.

110 위의 책, 68~69쪽.

111 김삼웅, 《개남, 새 세상을 열다》, 모시는사람들, 2020에서 인용.

112 북한사회과학원역사연구소 편, 앞의 책, 68쪽.

113 편집부 편, 《일본외교문서 5, 한국편》, 457쪽, 태동문화사,
    1981

114 신용하, 《동학과 갑오농민전쟁연구》, 161쪽, 일조각, 2016

115 오지영, 앞의 책, 162쪽.

116 이이화, 앞의 책, 340쪽.

117 신용하, 앞의 책, 183쪽.

118 노명식, 《프랑스혁명에서 빠리 꼼뮌까지》, 284쪽, 까치, 1980

119 〈천도교서〉, 《동학농민혁명국역총서 13》, 304쪽, 동학농민
    혁명기념재단, 2015

120 위의 책, 303쪽.

121 위의 책, 305쪽.

122 위의 책, 306쪽.

123 위의 책, 311~312쪽.

124 위의 책, 313쪽.

125 윤석산, 〈해월 최시형의 서소문 옥중생활과 처형과정〉, 《동
    학학보 38》, 69~70쪽, 동학학회, 2018

126 〈천도교서〉, 앞의 책, 314쪽.

127 〈동학관련판결 선고서〉, 《동학농민혁명국역총서 12》, 234~
    235쪽, 동학농민혁명기념재단, 2013

128 〈천도교서〉, 앞의 책, 315쪽.

129 최동희, 앞의 책, 396쪽.

130 신일철, 〈해월 최시형의 시侍와 경敬의 철학〉, 《해월 최시형
    의 동학사상》, 93쪽, 예문서원, 1999

131 송향숙, 〈늘 깨어 있는 사람〉, 《생활성서》, 생활성서사, 1990. 6.

132 '장일순과 황필호의 대담', MBC TV 〈현장 인터뷰-이 사람〉,
    1992. 6. 12.

133 김종철, 〈한살림운동과 공생의 논리〉; 장일순, 《나락 한 알
    속의 우주》, 녹색평론사, 169쪽.

134 장일순, 〈세상 일체가 하나의 관계〉, 《녹색평론 64》, 2002

※음력 기준

1893년

    11월 15일 고부농민, 군수 조병갑에게 수세감면 호소

1894년

    1월 10일 전봉준이 고부 농민군 1천여 명으로 고부 관아 점령

    3월 20일 동학농민군, 고창 무장에서 전면 기포(1차 봉기)

    3월 26~29일 백산에 호남창의대장소 설치(남접 농민군 8천여 명), 총대장 전봉준, 총관령 손화중·김개남 추대, 격문(檄文)과 4대 명의(名義), 12개조 기율 선포

    4월 7일 황토현에서 전라감영군 격파 후 정읍 관아 점령, 양호초토사 홍계훈의 경군(京軍) 전주성 입성

    4월 8~16일 전라도 서남해안(흥덕·무장·영광·함평) 점령

    4월 23일 장성 황룡촌에서 경군과 1차 접전, 격파

    4월 27일 호남의 수부(首府) 전주성 입성

    5월 1~3일 전주성에서 경군과 2차·3차 접전, 격파

    5월 4일 청국군(淸國軍) 아산만 상륙

    5월 6일 일본군 인천항 상륙

    5월 7일 남접 농민군, 경군과 전주 화약(和約) 체결, 전라도 53군현 집강소 설치 및 농민군 해산 합의

    6월 21일 일본군 조선 경복궁 침입

    6월 27일 청국군과 일본군, 성환에서 교전

    7월 1일 일본군, 청·일전쟁 선전 포고

7월 6일 전봉준과 전라감사 김학진 간에 전주회담 개최, 전라도 군·현 집강소 전면적 설치, 전주성내 전라좌우도 대도소 설치

7월 26일 조·일공수동맹조약(朝·日攻守同盟條約) 체결

6월말~8월말 전라·경상·충청도 각지 봉기

8월 17일 일본군, 청(2만여 명)·일(1만여 명)간 평양전투 승리

9월 7일 김개남, 대원군의 밀지 접수

9월 8일 남접 농민군 지도자 전봉준·김개남, 금구 원평에서 남접 농민군 2차 기포결정과 삼례 집결 통문

9월 18일 동학교주 최시형(68세) 무력봉기 선언

9월초~11월초 경기·강원·충청·경상·황해도 일대에서 농민군과 경군·일본 연합군과 전투

10월 9~15일 일본군 진압대대 인천항 상륙, 충청·전라·경상도로 진격

10월 12일 전봉준 휘하의 남접 농민군, 삼례에서 논산 도착

10월 12~16일 손병희 휘하의 북접 농민군, 논산 도착, 합류

10월 21일 남·북접 농민군이 연합, 논산에서 공주로 진격

11월 8일 공주 우금치로 남·북접 농민군과 경군·일본군 집결

11월 9일 우금치 전투에서 남·북접 농민군(2만여 명) 패퇴

11월 11일 곰티에서 경군의 기습공격으로 노성으로 후퇴

11월 13일 김개남 농민군(5천여 명), 청주 공격 실패 후 공주로 패퇴

11월 14~19일 남·북접 농민군, 노성·논산서 일본군과 접전 후 강경(김개남 합류)을 지나 전주로 패퇴

11월 23일 경군·일본 연합군 전주성 장악

11월 25~27일 원평·태인 전투 패배로 전봉준 휘하의 농민군 해산

12월 1일 손화중·최경선 휘하의 나주성 포위 농민군 해산, 최경선(36세), 화순에서 체포

12월 2일 전봉준(41세), 순창 피노리에서 체포(12월 18일 한양

도착)

12월 3일 김개남(42세), 태인에서 체포, 전주에서 효수 처형

12월 11일 손화중(34세), 부안에서 체포

12월 17일 장흥 석대들 전투 패배로 장흥 강진 농민군 해산

12월 24일 북접 농민군, 충주 무극에서 경군에 패퇴(손병희 홍천 피난)

1895년

1월 1일 김덕명(51세), 원평에서 체포

1월 24일 대둔산 최후항전. 동학농민혁명이 막을 내림

2월 9일~3월 10일 전봉준, 일본 영사로 부터 5회 심문

3월 30일 전봉준·손화중·김덕명·최경선 등 교수형 처형

(출처: 동학농민혁명기념재단)

- 개접제(開接制): 각지의 도인이 일정한 기간을 정해 집회하고, 그 기간 내에 동학교리 등 진리를 연구하며, 기간이 끝나면 접을 파하는 제도.
- 경물(敬物): 자연생태계를 하늘의 모습으로 공경하는 것.
- 경인(敬人): 사람을 하늘처럼 섬기라는 것.
- 경천(敬天): 한울님이라는 신만을 공경한다는 것.
- 교조신원운동(教祖伸寃運動): 1세 교조 최제우가 처형 당한 귀, 동학교도들이 그의 죄명을 벗기고 교조의 원을 풀어줌으로써 종교상의 자유를 얻기 위해 벌인 운동.
- 남접(南接): 동학 조직은 전라도 지역을 남접으로 분류했다.
- 대도소(大都所): 동학의 교세 확장을 위해 설치된 교단 조직이며 중앙 사무 조직.
- 대신사(大神師): 1세 교조 최제우의 존칭.
- 대접주(大接主): 군·현 단위의 대단위 조직인 포의 책임자. 1891년 전라도 지역에만 16개의 포가 존재했으며, 그중 김개남이 대접주로 있던 포에는 24개의 접이 있었다.
- 《동경대전(東經大全)》: 동학의 대표적인 경전으로, 교조 최제우가 짓고 최시형이 간행했다.
- 북접(北接): 동학 조직은 경상충북 지역을 북접이라 분류했다.
- 사인여천(事人如天): '사람을 하늘처럼 섬긴다'는 뜻으로, 최시형이 신앙, 사상, 철학을 이 네 글자에 집대성했다.
- 삼경설(三敬說): '하늘을 섬기고, 사람을 섬기고, 천지만물을 섬긴다'는 뜻으로 최시형의 세 가지 가르침이다.
- 시천주(侍天主): 최제우가 창시한 동학의 근본사상으로, 한울

님을 모신다는 뜻.

- 신사(神師): 2세 교조 최시형의 존칭.
- 양천주(養天主): 내 안에 모신 한울님을 부모와 같이 받들고 봉양하며, 사람만이 아니라 천지만물을 똑같이 대하라는 것.
- 《용담유사(龍潭遺詞)》: 최시형이 일반 백성과 여성들에게 동학 사상을 빨리 쉽게 전하기 위해 한글가사체로 지은 경전.
- 육임제(六任制): 동학 교단의 정비와 교세 확장을 위한 직제로, 교장, 교수, 도집, 집강, 대정, 중정 등 여섯 개의 직분을 두었다.
- 접(接): 동학의 교세가 빠르게 확대되자 교단 정비를 위해 세운 지역 조직. 접의 규모는 30~70호 정도였으며, 100호 이상이 되면 접을 두 개로 나누었다.
- 접소(接所): 접의 집회 장소.
- 접주(接主): 접의 관리 책임자. 동학 초기에는 40~50명의 교도를 지도하고 관장했다.
- 집강소(執綱所): 1894년 동학농민혁명 때 농민군이 전라도 각 고을의 관아에 설치한 민정기관.
- 천주(天主, 한울님): 동학에서 신앙 대상을 가리키는 교리. 최시형이 말하는 '한울'은 초월적인 대상이 아니라 내재적인, 자신의 심중에 모시는 '신령의 종자'를 말함.
- 《최선생문집도원기서(崔先生文集道源記書)》: 최제우의 출생에서 득도와 순도, 그리고 최시형이 《동경대전》을 간행한 1880년까지의 동학역사를 담은 책.
- 포(包): 군·현 단위의 대단위 조직으로 접의 상위 조직이다. 1890년대에는 1개 포 산하에, 10~20여 개의 접을 거느렸다.
- 포덕(布德): 포교, 전파. '한울님의 덕을 세상에 편다'는 뜻.
- 《해월신사법설(海月神師法說)》: 최시형이 설법한 것을 후에 천도교 교단에서 엮어서 펴낸 천도교의 경전.

1827년 3월 21일(양력 4월 16일)

경상도 경주부 경주읍내 황오방(지금의 경북 경주시 황오동)에
서 빈농인 아버지 최종수와 어머니 경주배씨 사이의 무녀독
남으로 태어남.

1844년(17세)

조지소에서 일하며 생계를 도모함.

1846년(19세)

밀양손씨와 결혼함.

1855년(28세)

포항시 흥해읍 마북리로 옮겨 농사를 지음.

1861년 6월(34세)

최제우가 창시한 동학에 입교함.

1861년 7월

북도중주인으로 임명되어 8월 14일 도통을 승계 받음.

1861년 12월

최제우가 체포되자 대구에 잠입, 옥바라지를 하다가 체포의
손길이 뻗치자 태백산으로 도피함. 이어 평해와 울진 죽변리
에 은거하면서 처자와 최제우의 유족을 보살피다가 동학의

재건을 결심.

1863년(36세)

최제우로부터 도통을 전수받고 동학 제2세 교조가 됨.

1864년(37세)

조선 정부의 탄압으로 최제우가 처형됨. 관헌의 감시를 피해 안동, 울진 등지로 돌아다니며 포교에 힘씀.

1871년(44세)

진주민란의 주모자 이필제가 최제우의 기일에 영해부에서 민란을 일으킴으로써 다시 탄압 받음.

1880~1881년(53세)

인제에 경전간행소를 세워 《동경대전》을 간행하고, 이듬해 단양에 경전간행소를 세워 《용담유사》를 간행함.

1885년(58세)

교세가 비약적으로 증가하게 됨에 따라 충청도 보은군 장내 리로 본거지를 옮김.

1892년(65세)

교조의 신원을 명분으로 한 합법적 투쟁을 전개하여 나감.

1892년 11월

제1차 신원운동 전개함. 전국에 신도들을 전주 삼례역에 집 결시키고, 교조의 신원과 신도들에 대한 탄압중지를 충청 도·전라도관찰사에게 청원함.

1893년 2월(66세)

제2차 신원운동 전개함. 서울 광화문에서 50여 명의 대표가
임금에게 직접 상소.

1893년 3월

정부측의 탄압이 가중되자 제3차 신원운동 전개함. 보은의
장내리에 수만 명의 신도를 집결시켜 대규모 시위 감행.

1894년 1월(67세)

전봉준이 고부군청의 습격한 것을 시작으로 동학농민운동
일으킴. 초기에는 폭력 사건에 대해 반대하는 입장을 취함.

1894년 4월

신도들의 뜻에 따라 충청도 청산(靑山)에 신도들을 집결시킴.

1894년 9월

전봉준이 일본군의 상륙과 정부의 요구 조건 불이행을 이유
로 다시 봉기하자, 그도 북접 각지의 접주들에게 총궐기를
명령함. 10만 명의 병력을 인솔하여 논산에서 남접군과 합
세함.

1894년 12월

일본군의 개입으로 동학운동이 진압되자 피신생활을 하면서
포교에 진력을 다함.

1897년(70세)

의암 손병희에게 도통을 승계함.

1898년 4월(71세)

강원도 원주 원진녀의 집에 머물던 중, 송경인의 밀고로 체
포되어 서울로 압송됨.

1898년 6월 2일(양력 7월 20일)

반역죄로 기소되어 유죄판결을 받고 교수형에 처해짐.

1900년 3월 13일

처형 뒤 경기도 광주에 묻혔던 시신을 경기도 여주 천덕산 자락으로 이장함.

1907년 7월 11일

박형채의 청원으로 고종의 윤허를 받아 최제우와 함께 신원이 회복됨.

**생명사상의 원류, 동학을 이끈
해월 최시형 평전**

1판 1쇄 인쇄　2023년　2월 26일
1판 1쇄 발행　2023년　3월　1일

지은이　김삼웅
펴낸이　신주현 이정희
마케팅　신보성
디자인　조성미

펴낸곳　미디어샘
출판등록　2009년 11월 11일 제311-2009-33호

주소　03345 서울시 은평구 통일로 856 메트로타워 1117호
전화　02) 355-3922 | 팩스　02) 6499-3922
전자우편　mdsam@mdsam.net

ISBN　978-89-6857-220-3　03990

www.mdsam.net